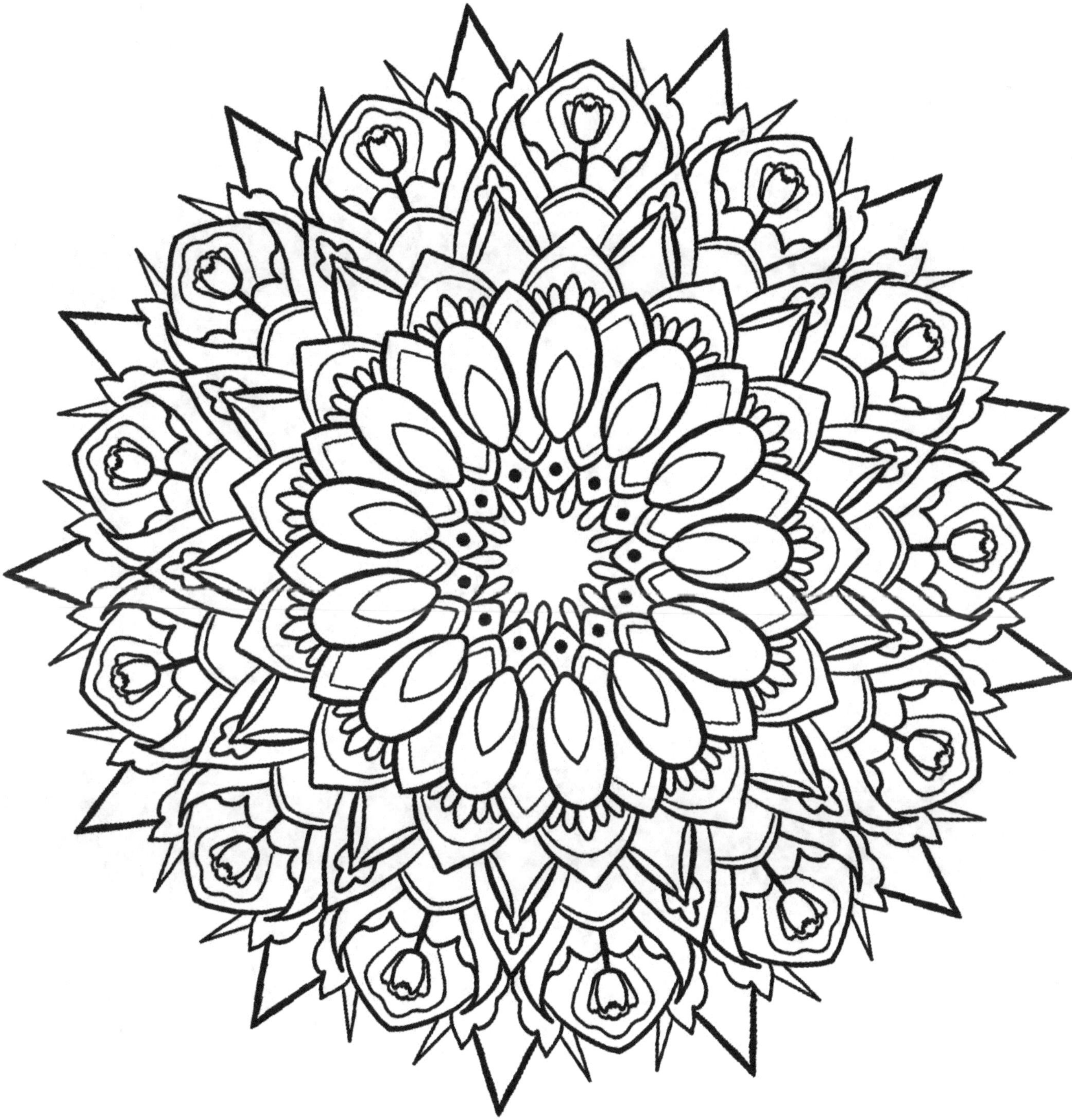

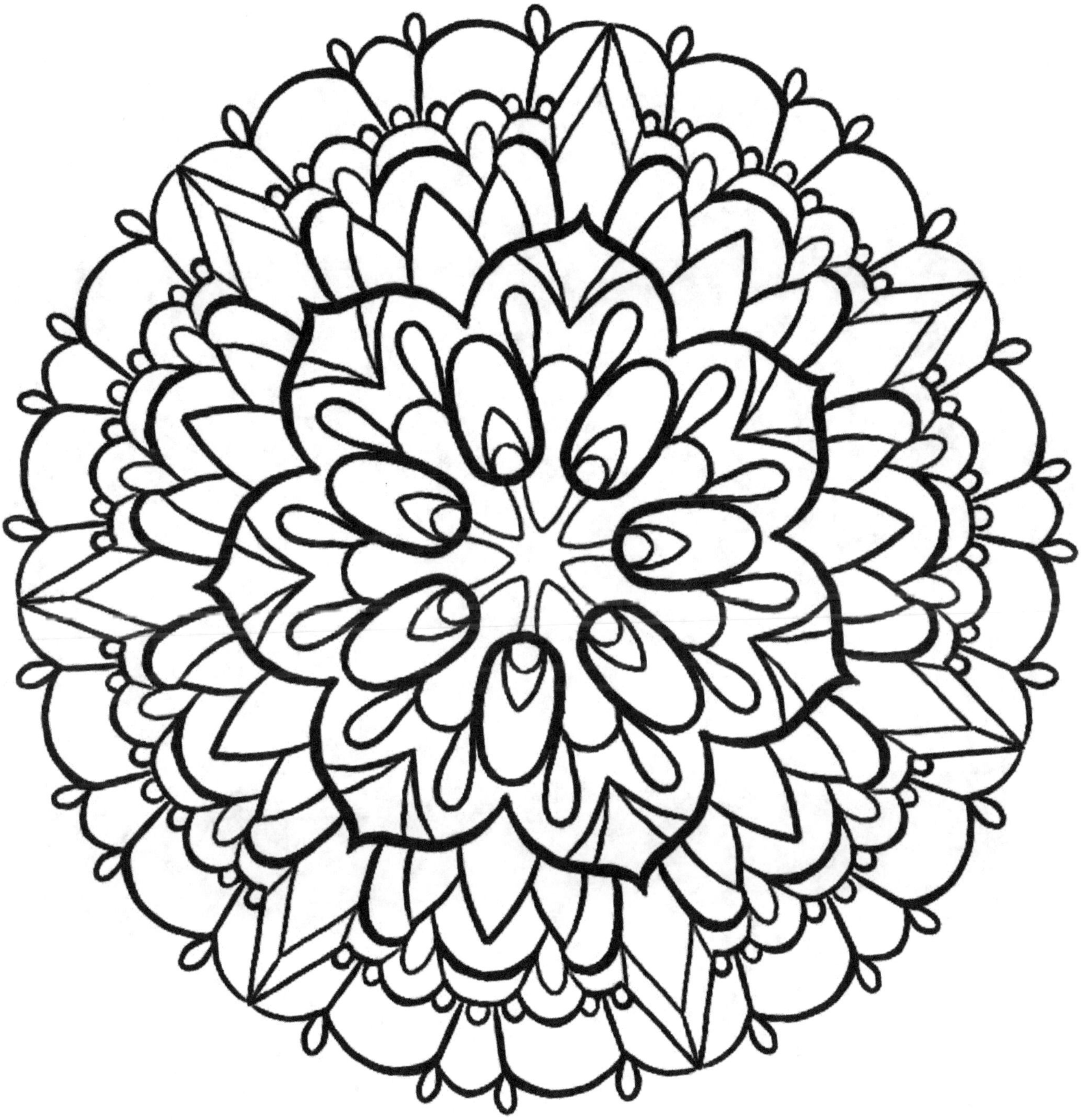

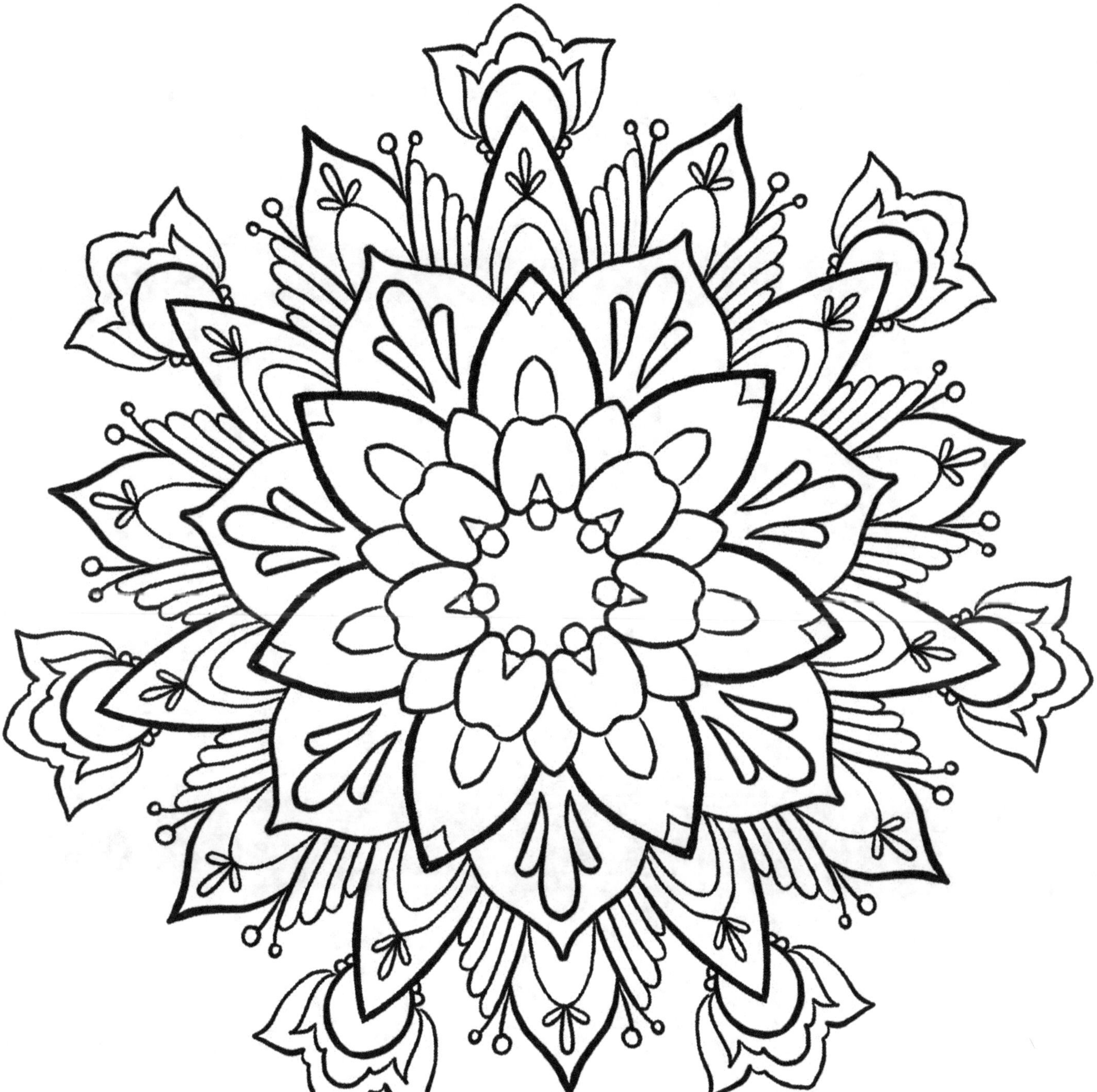

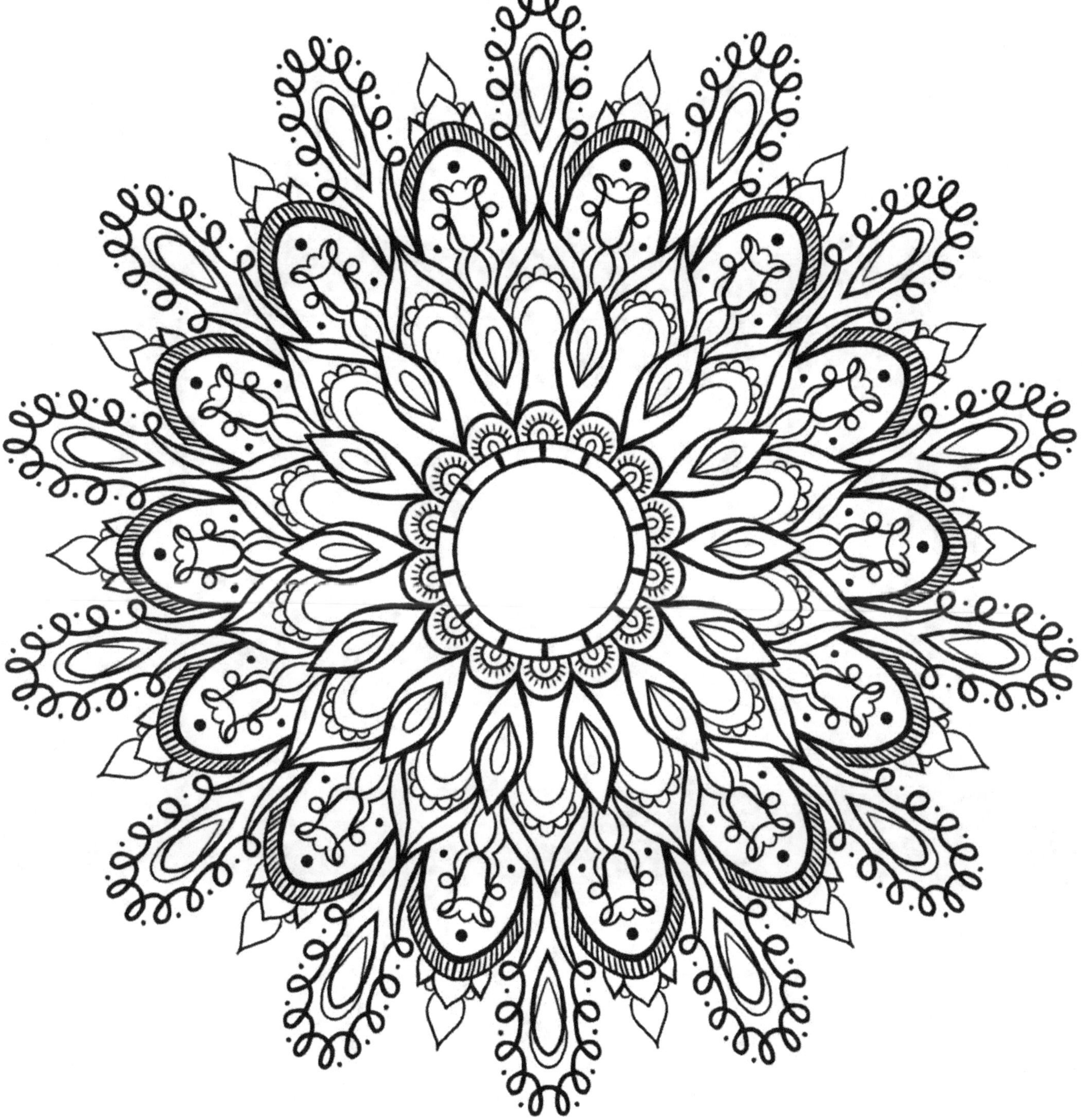

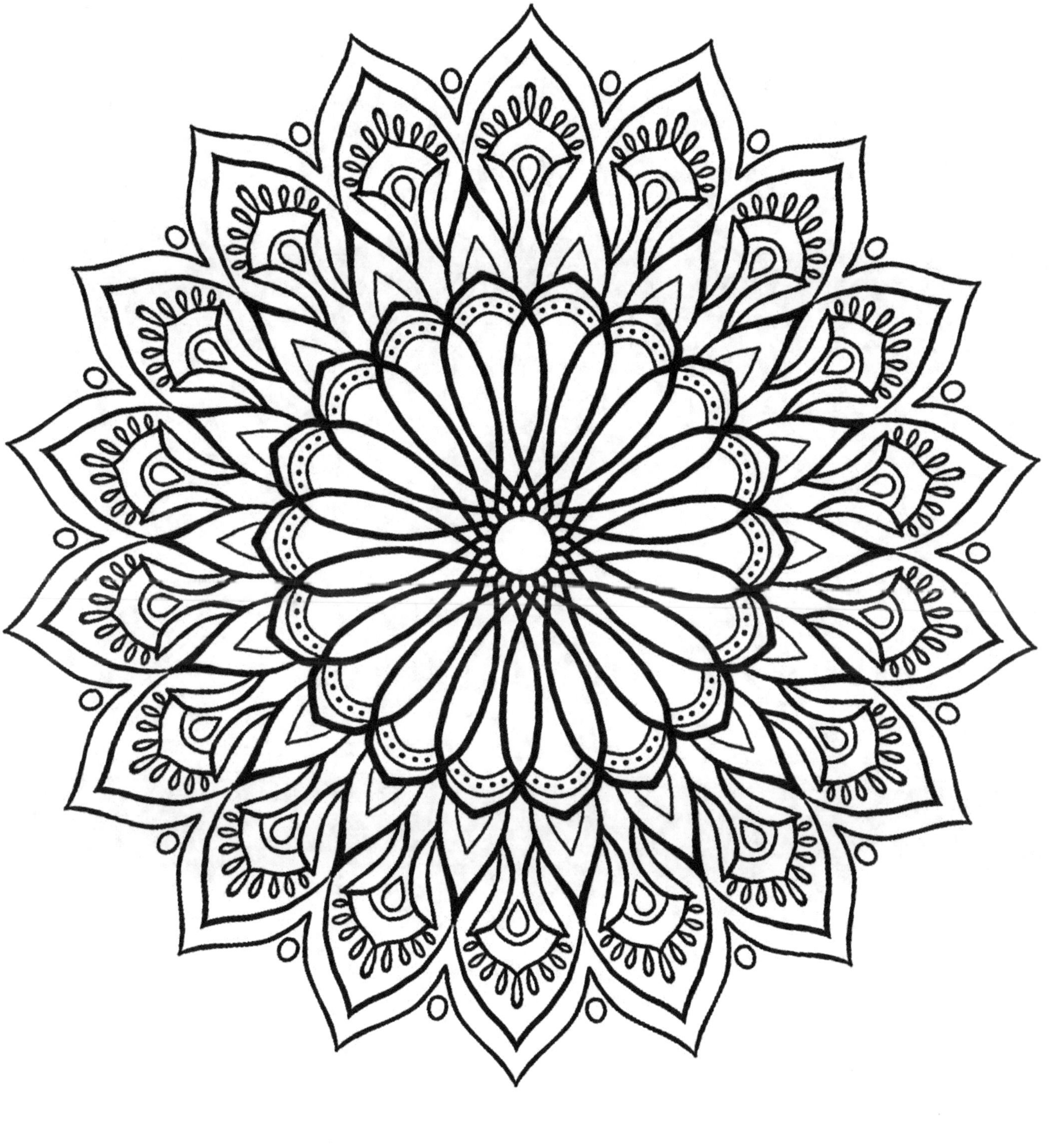

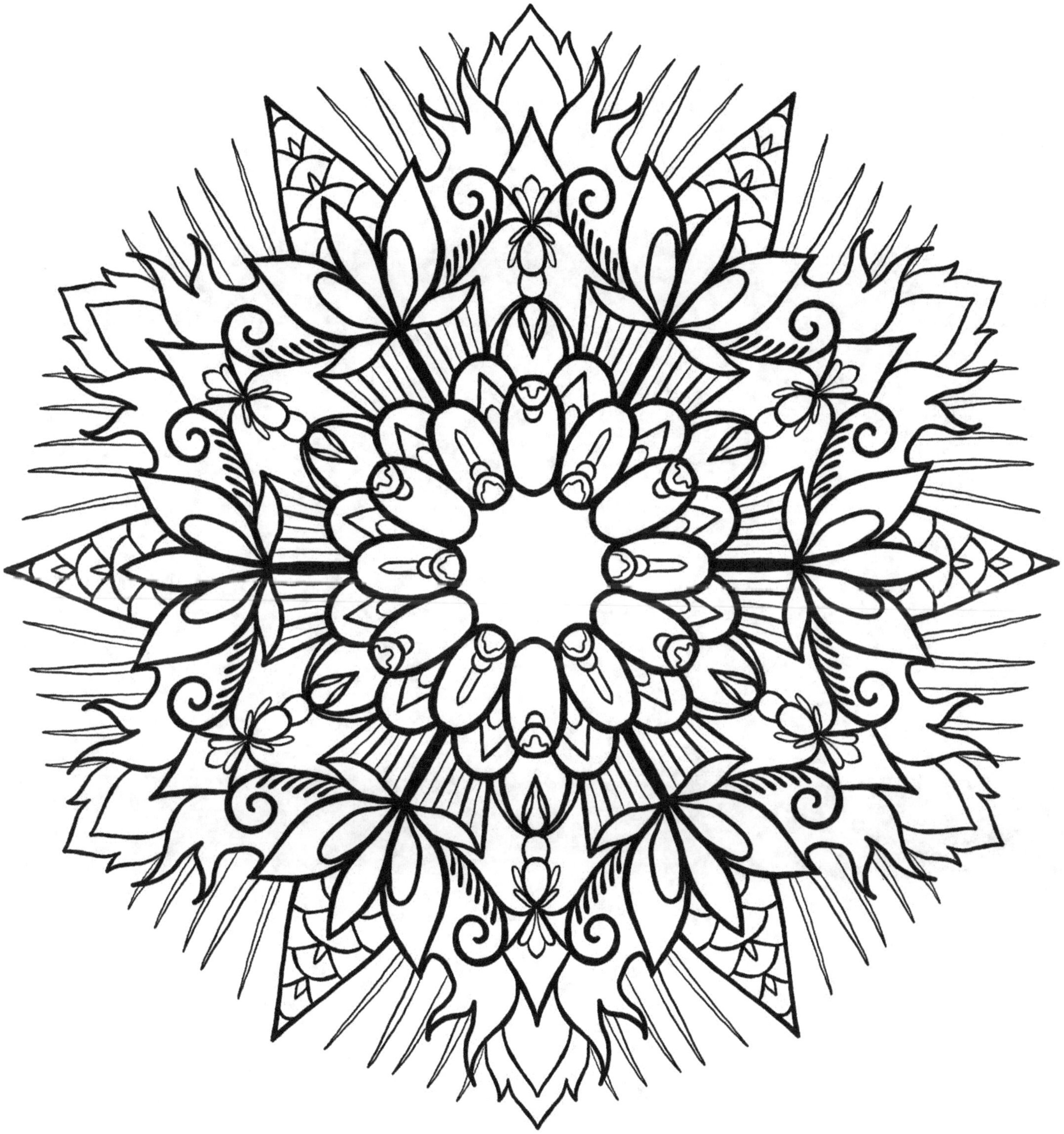

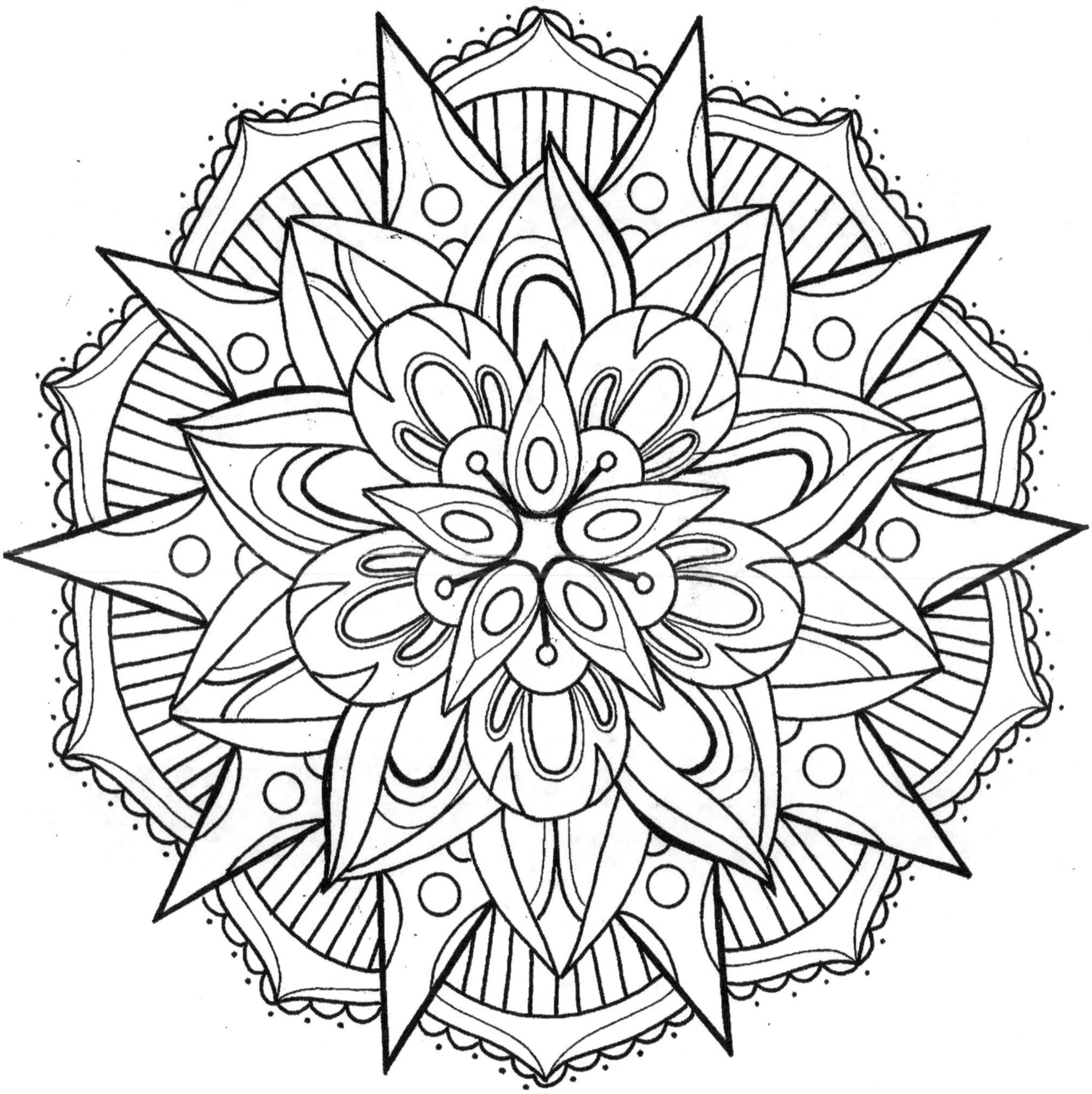

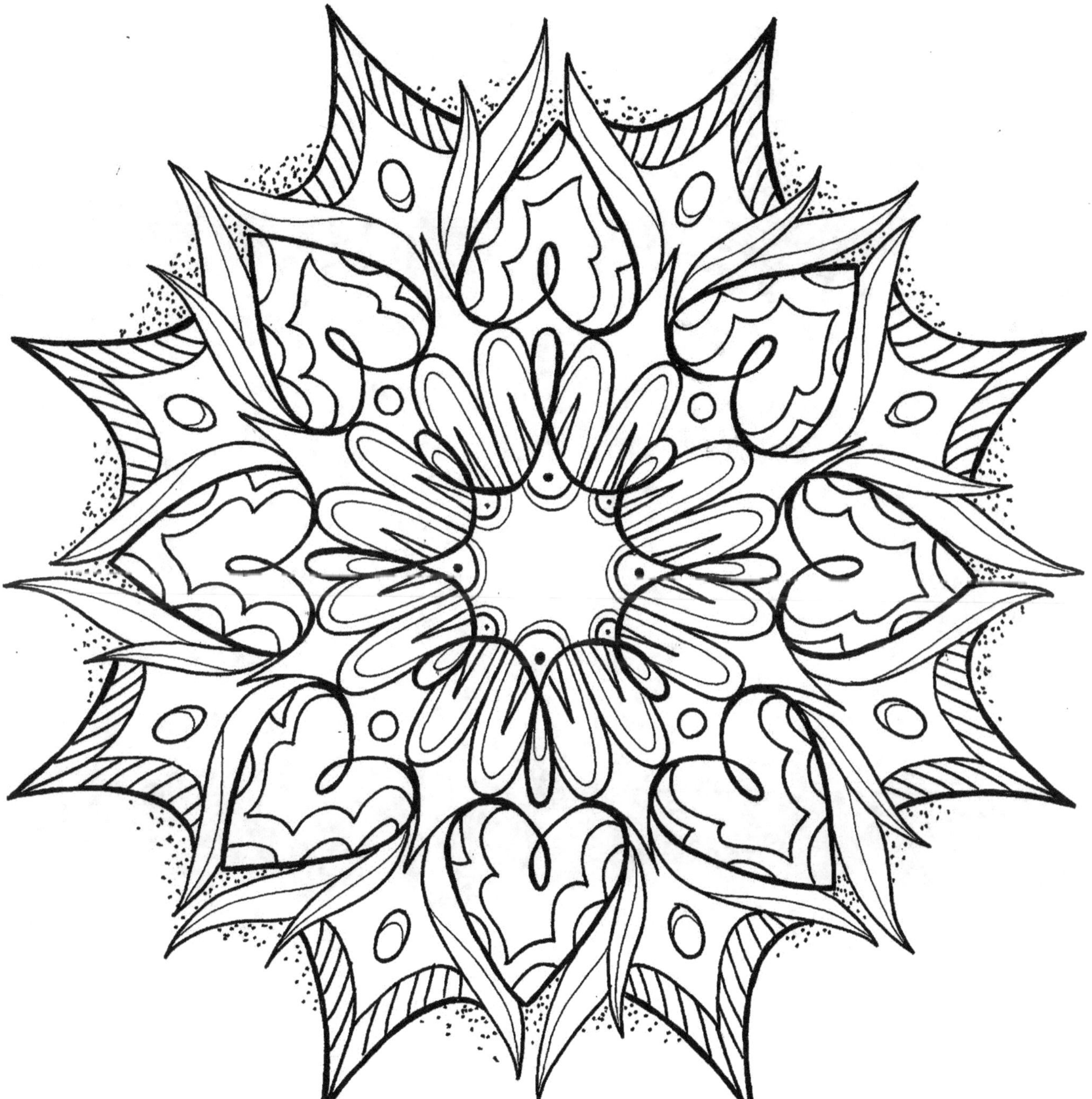

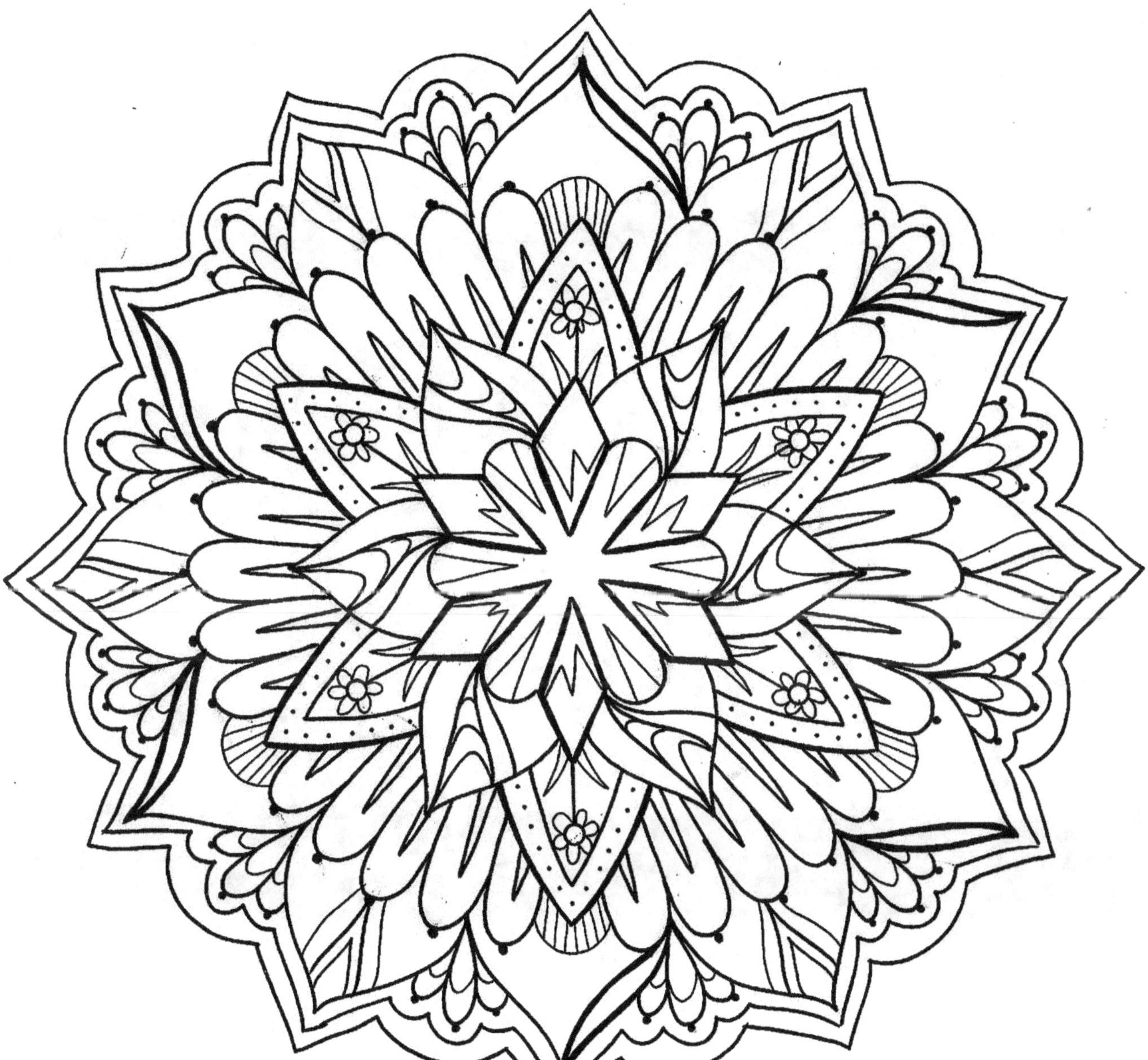

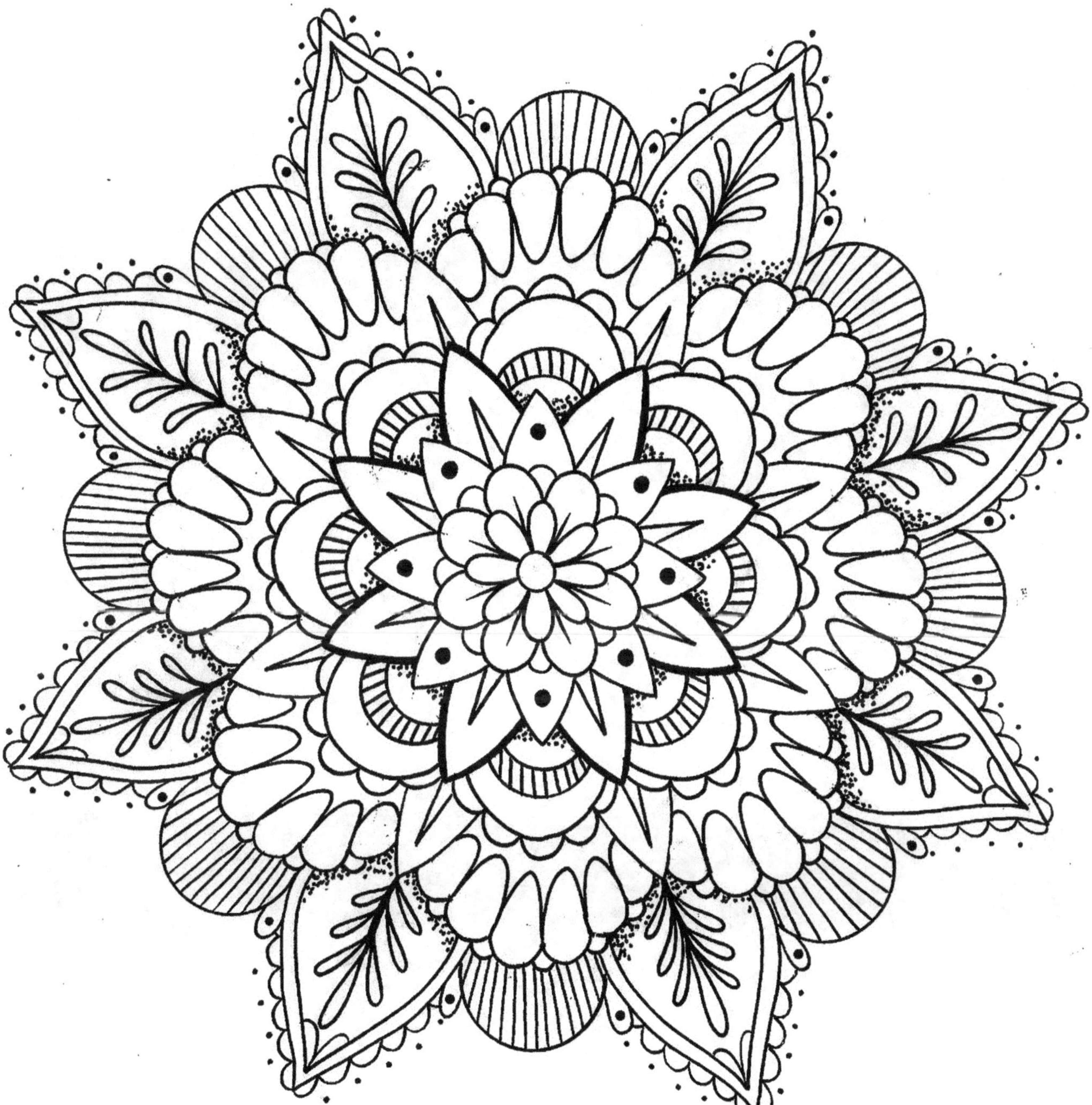

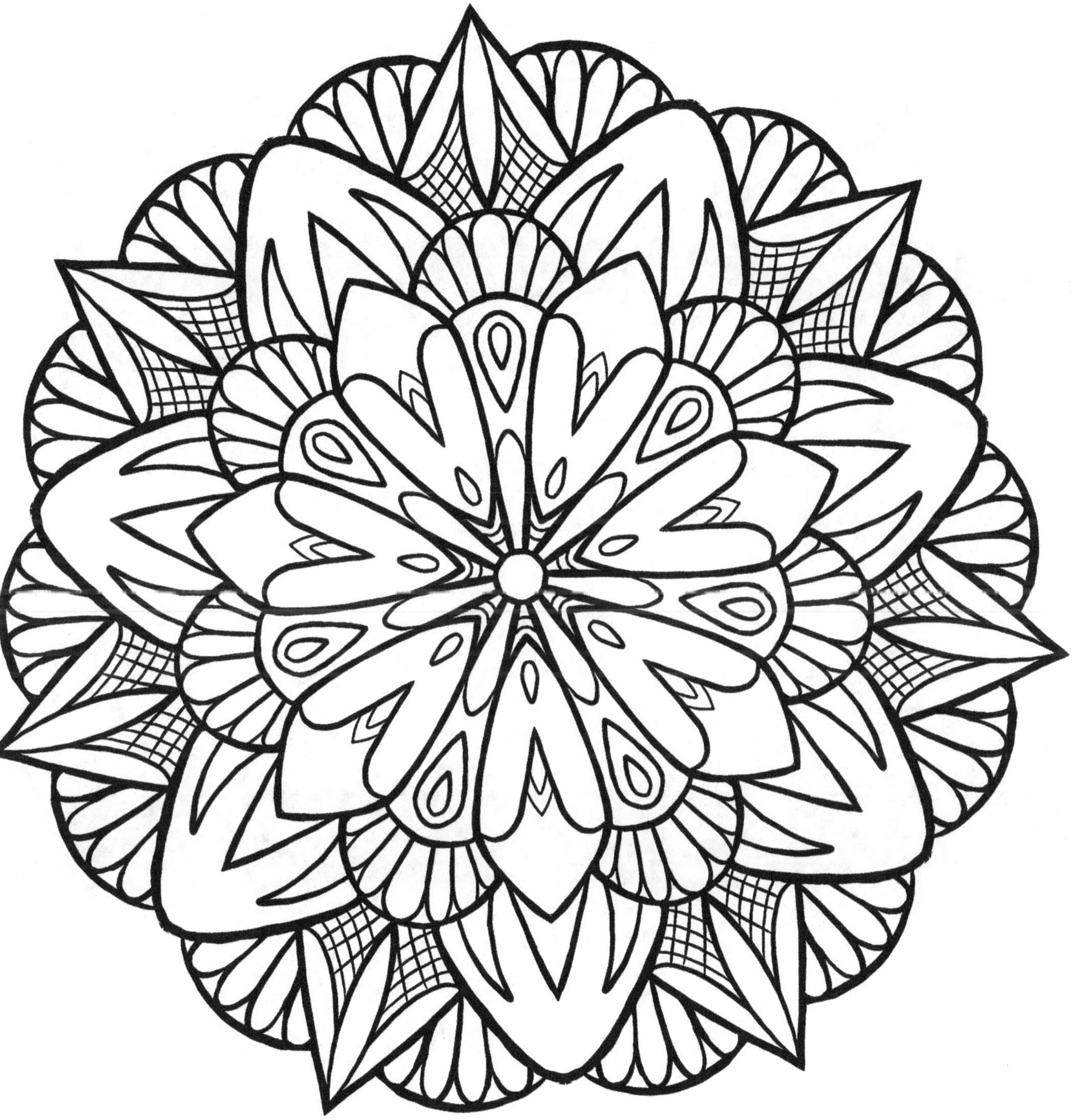

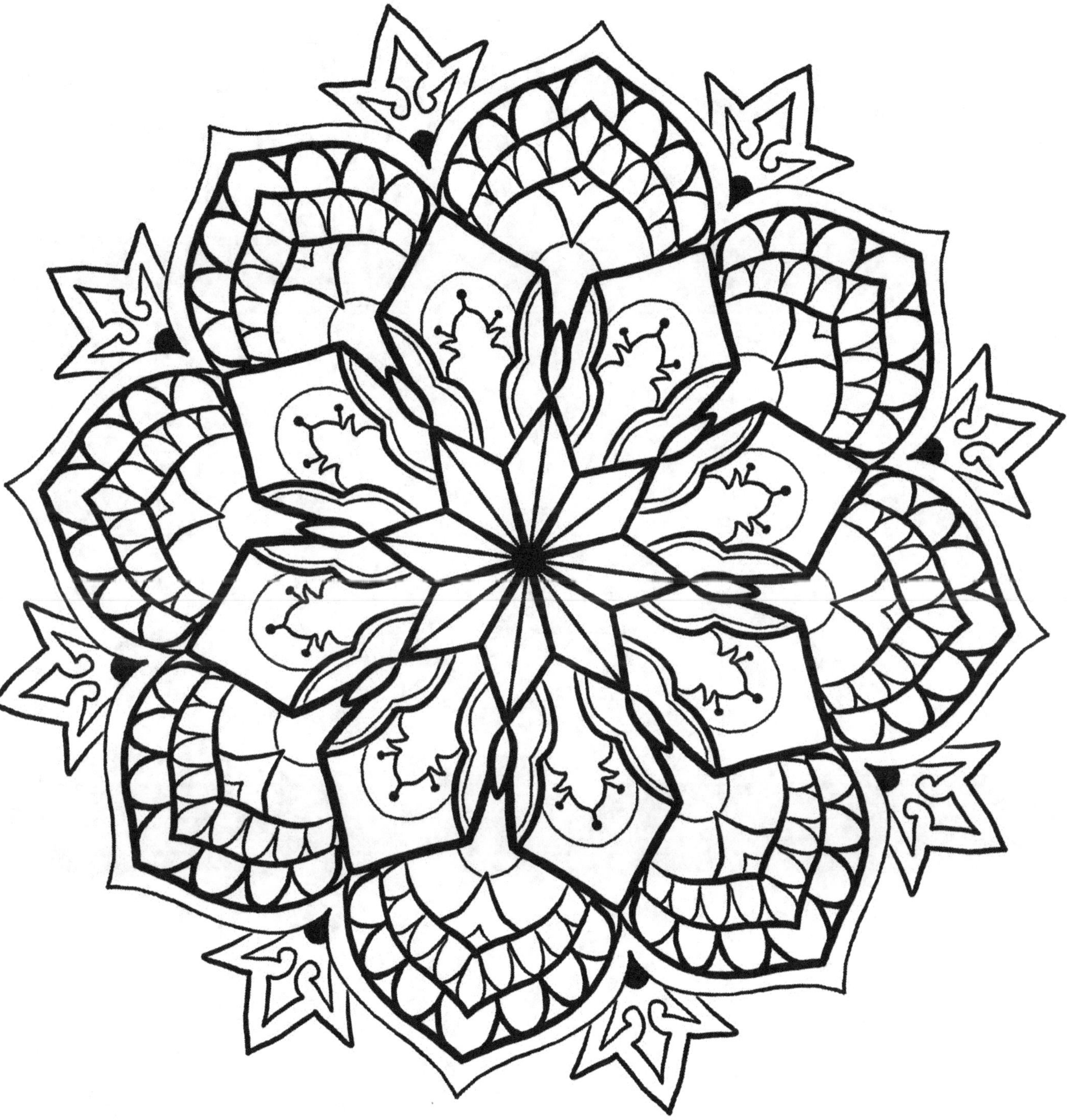

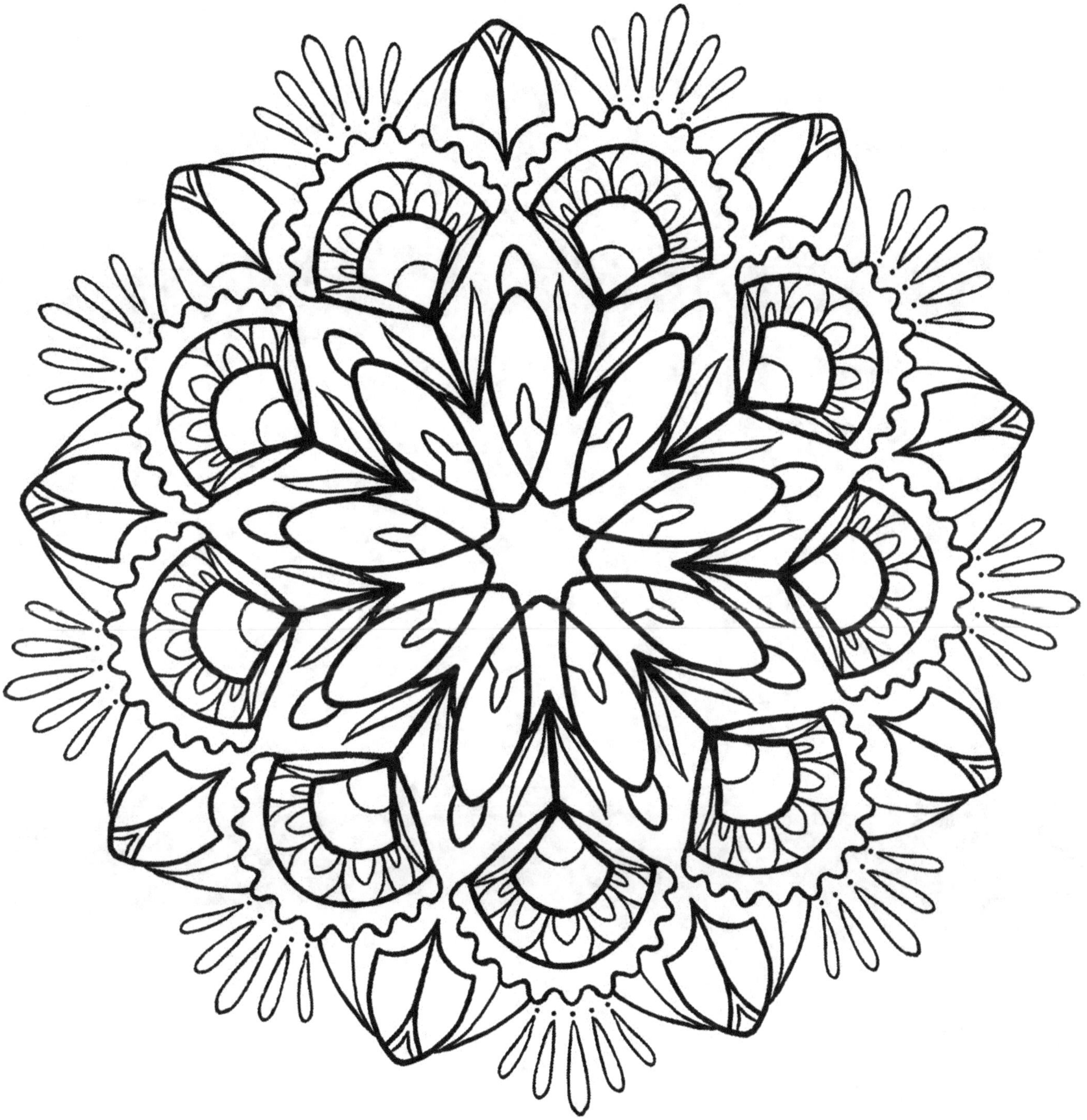

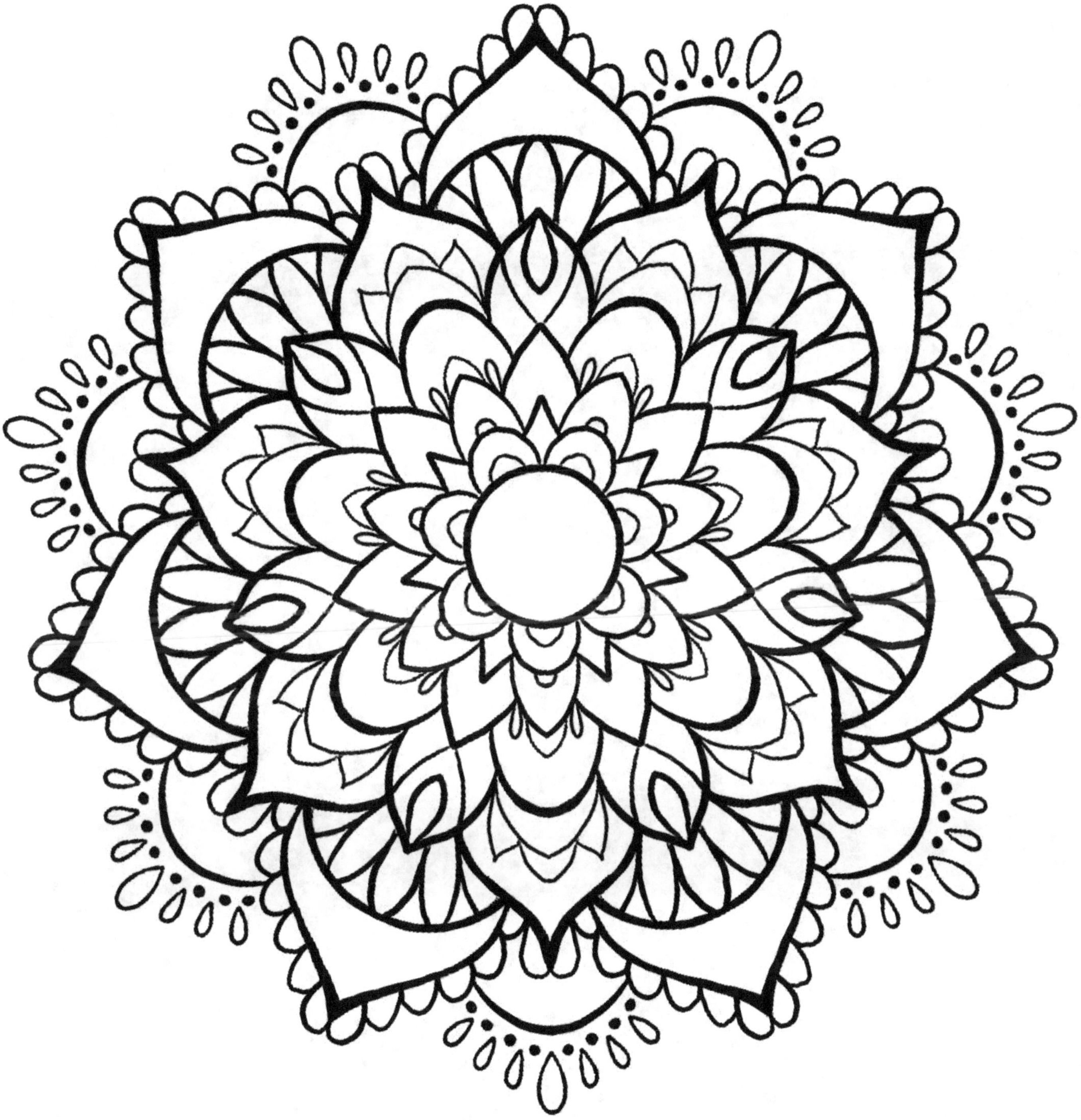

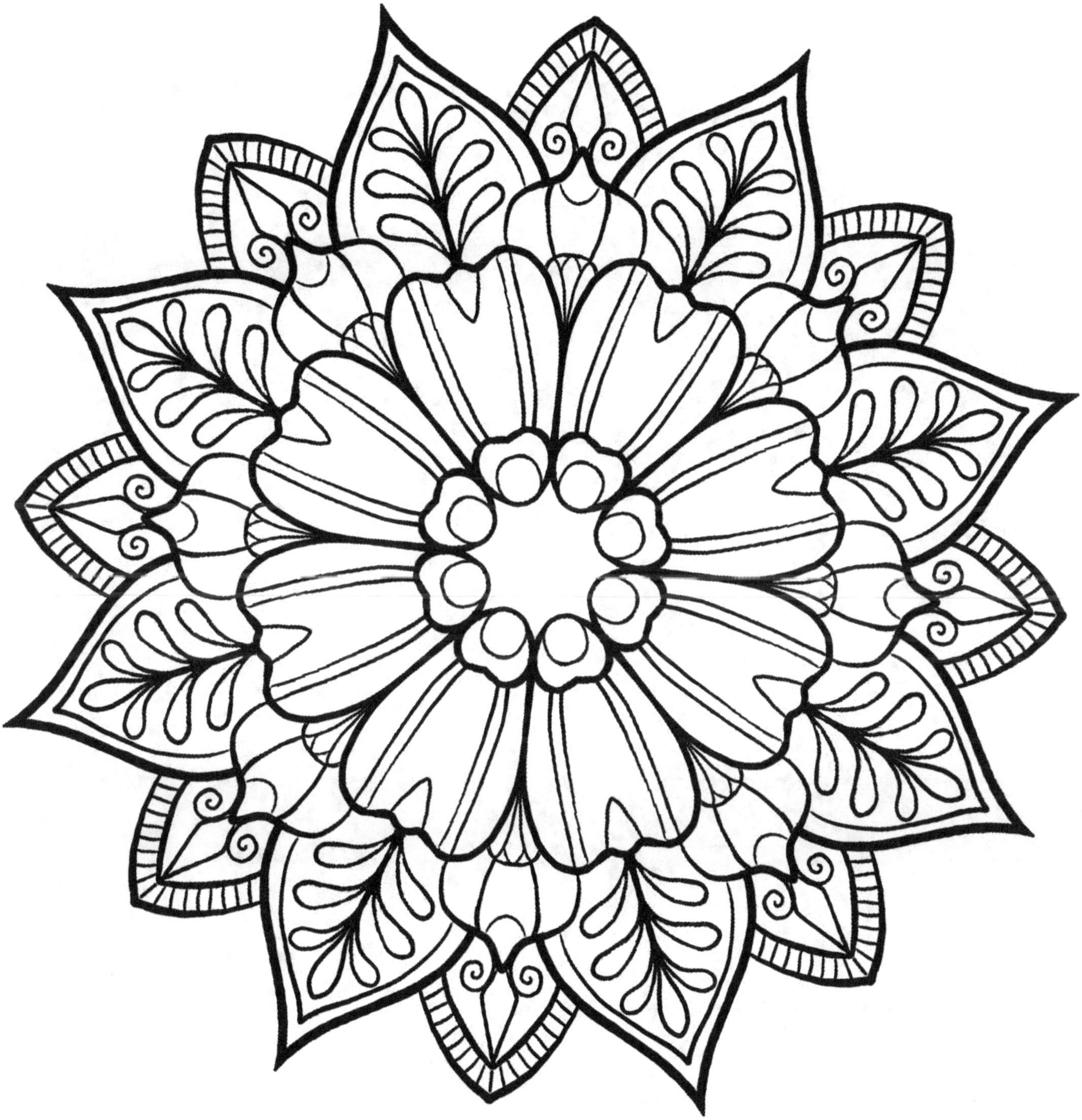

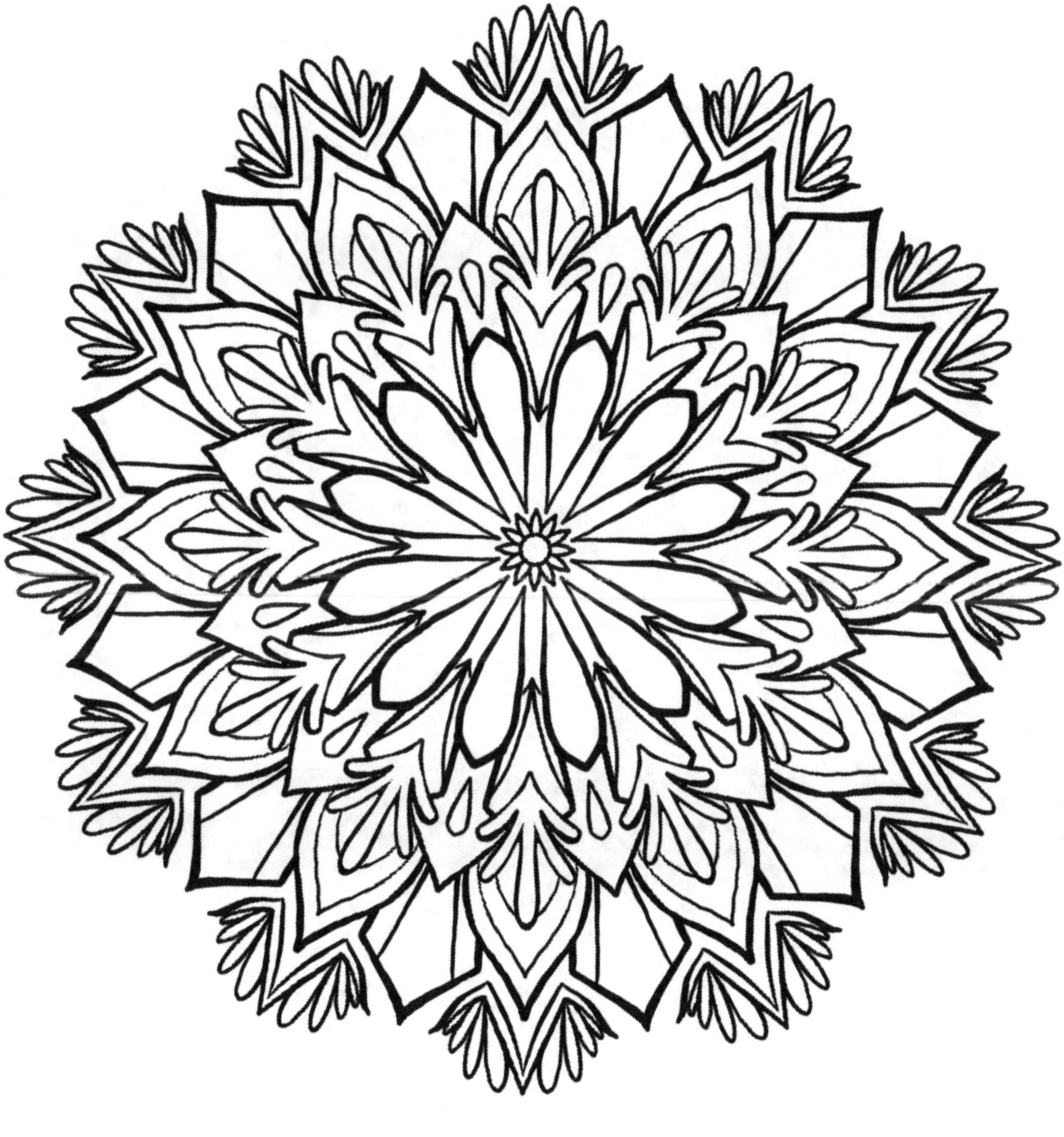

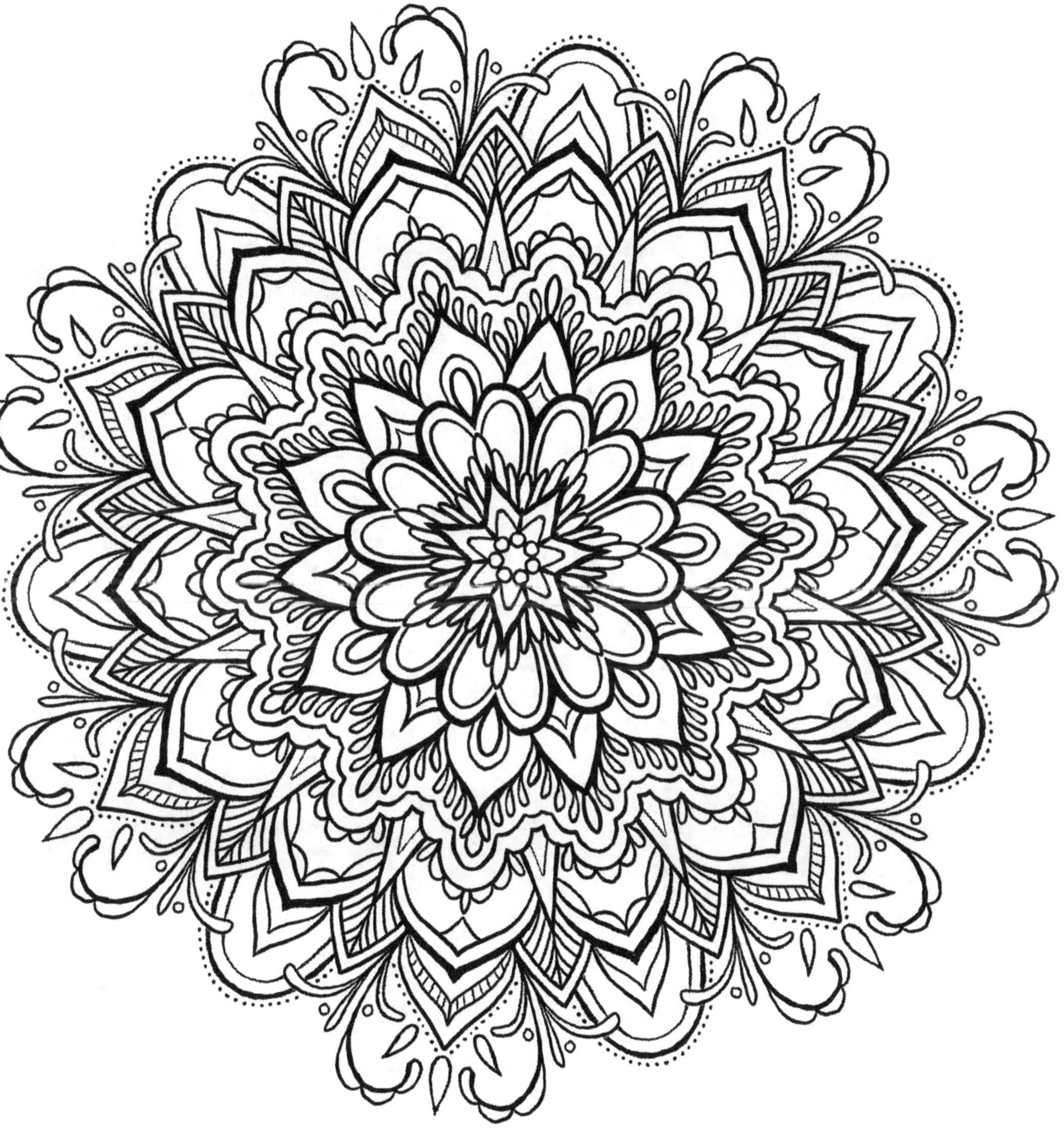

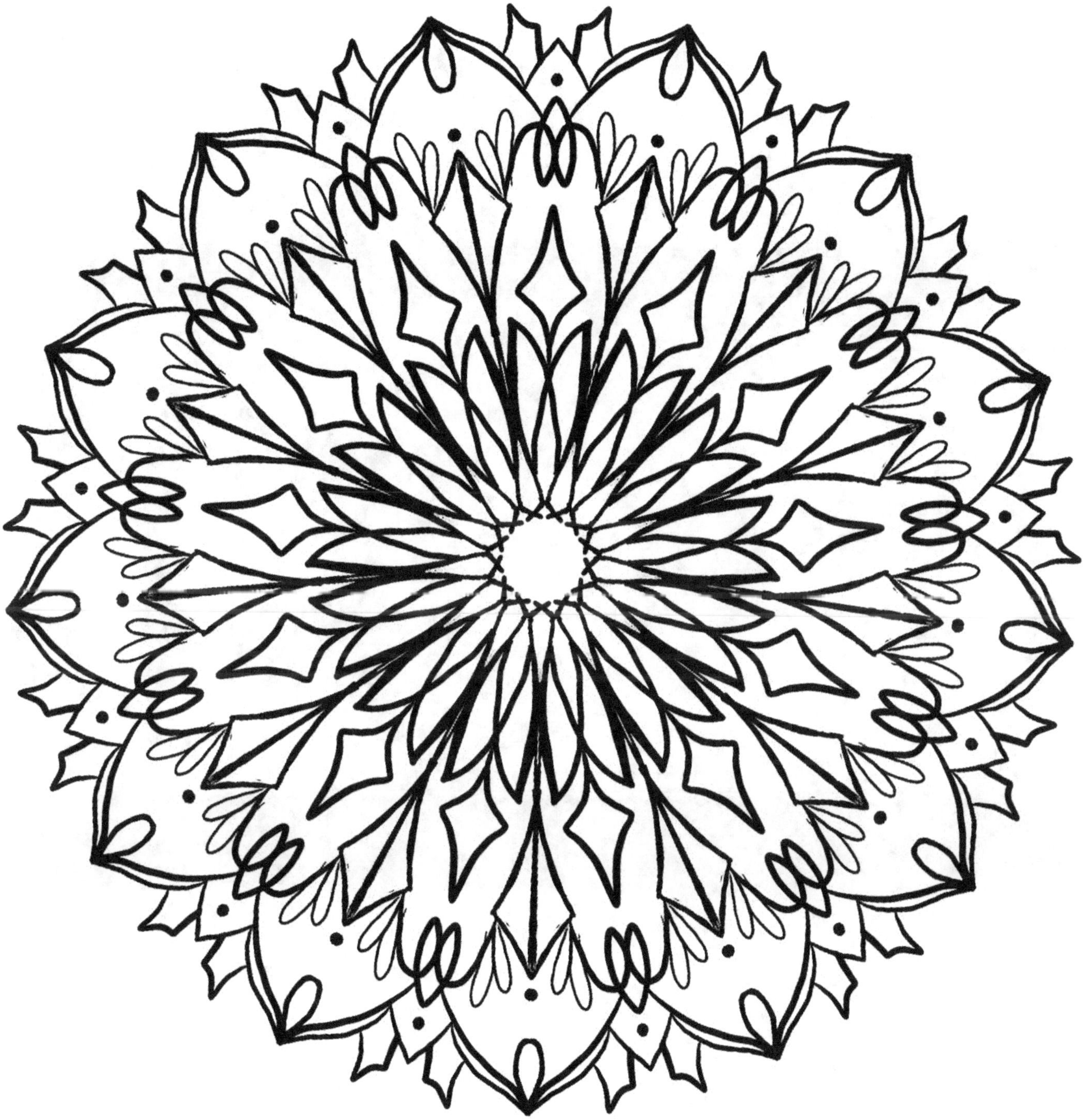

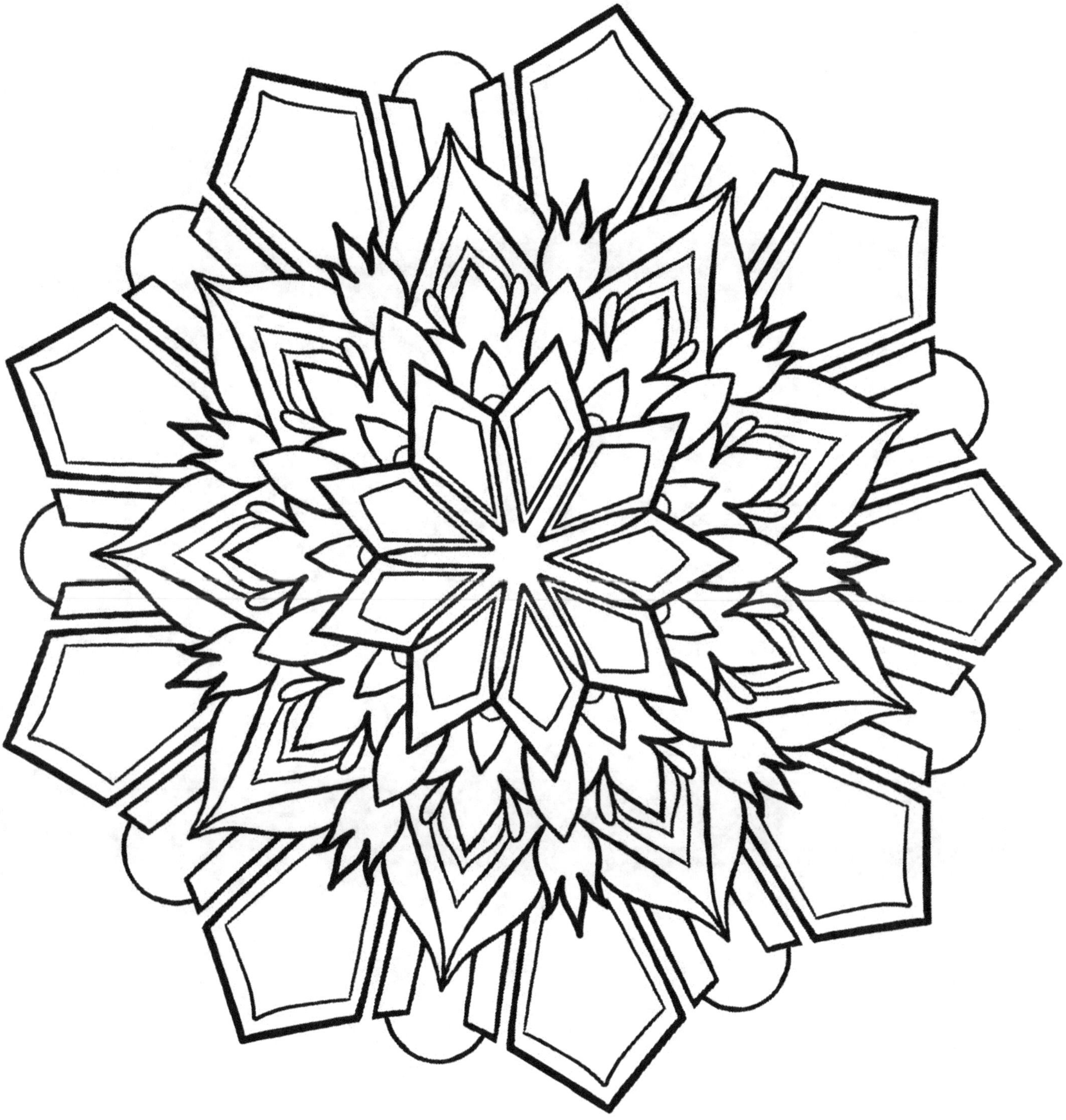

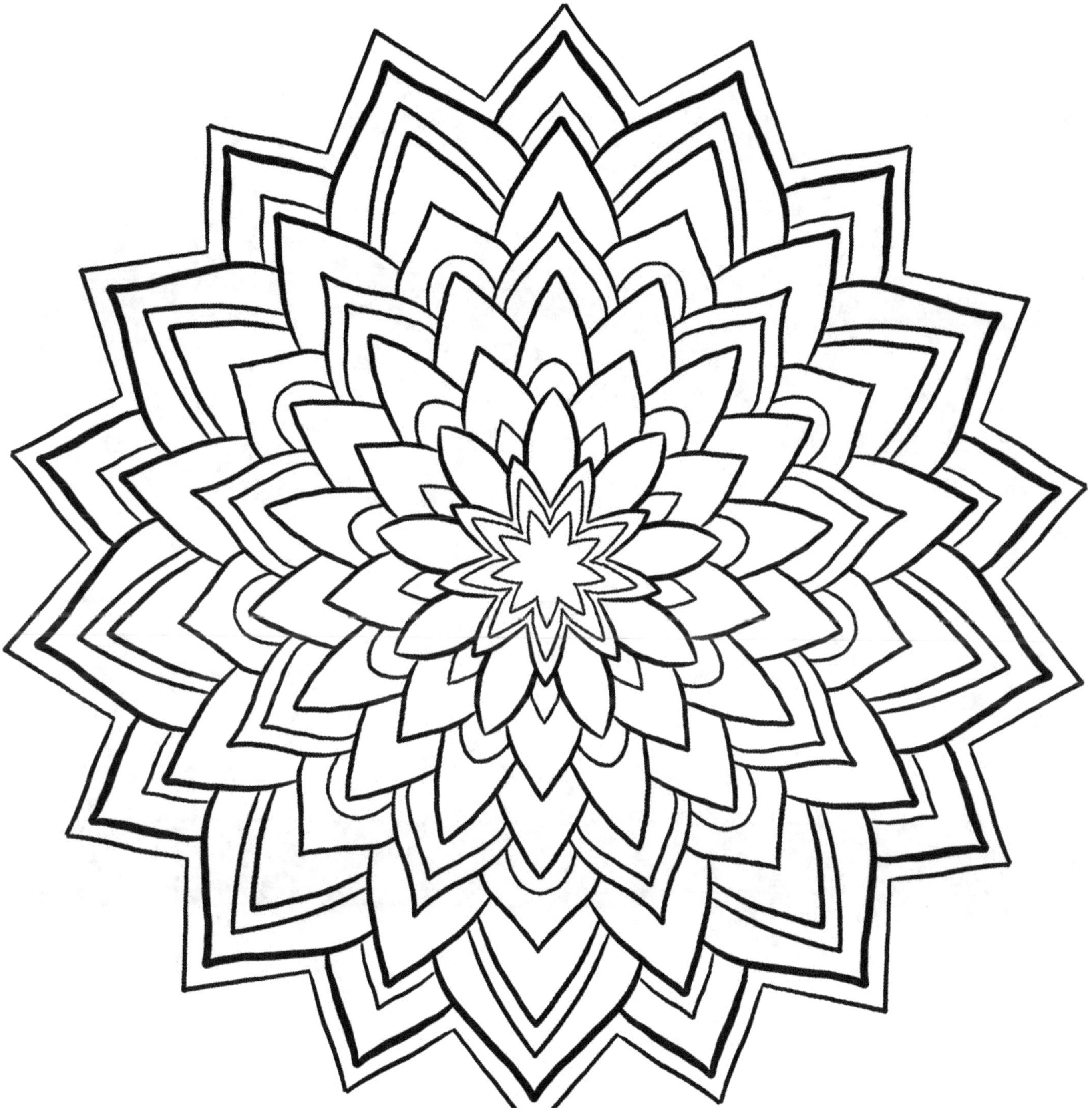

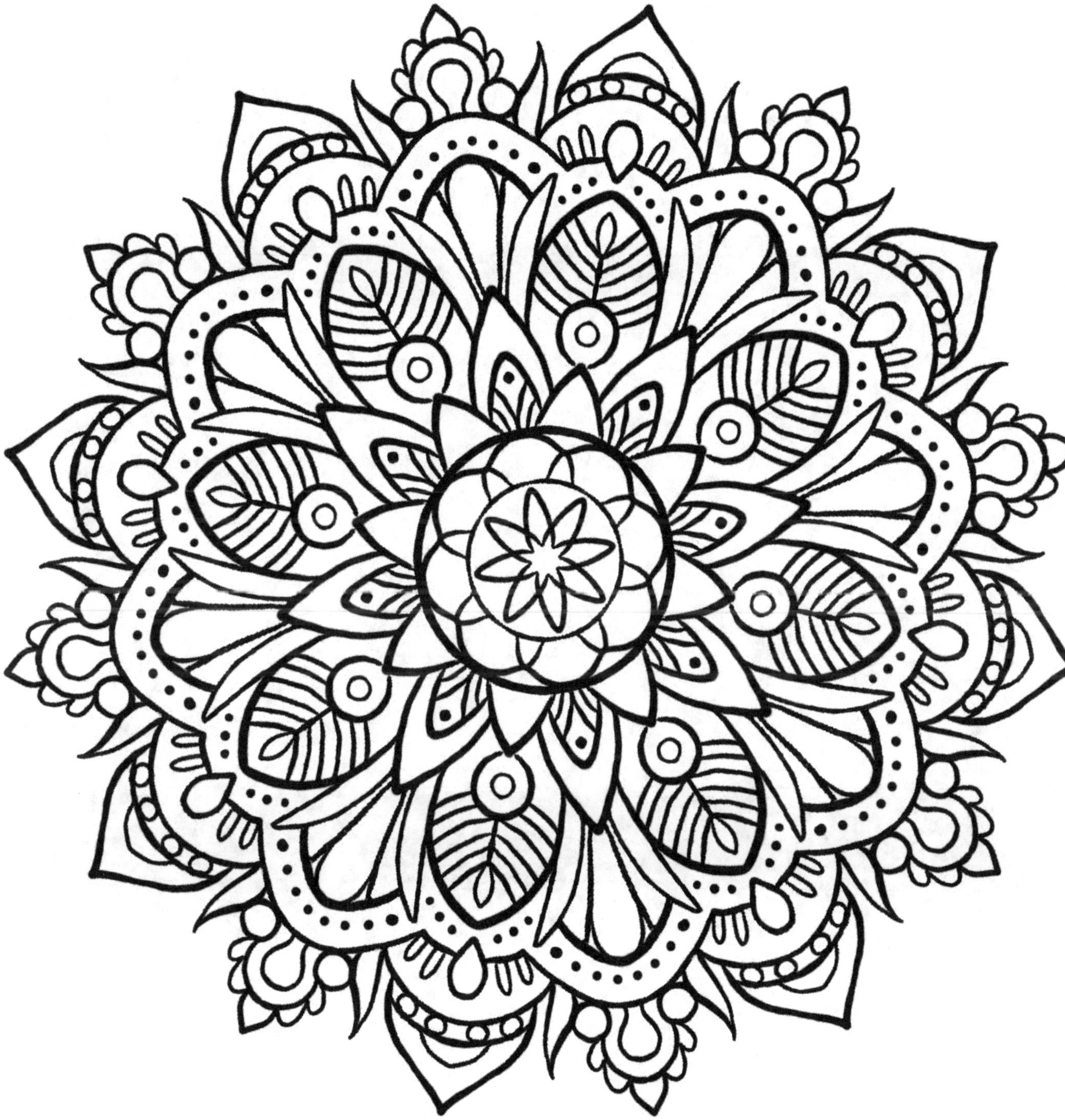

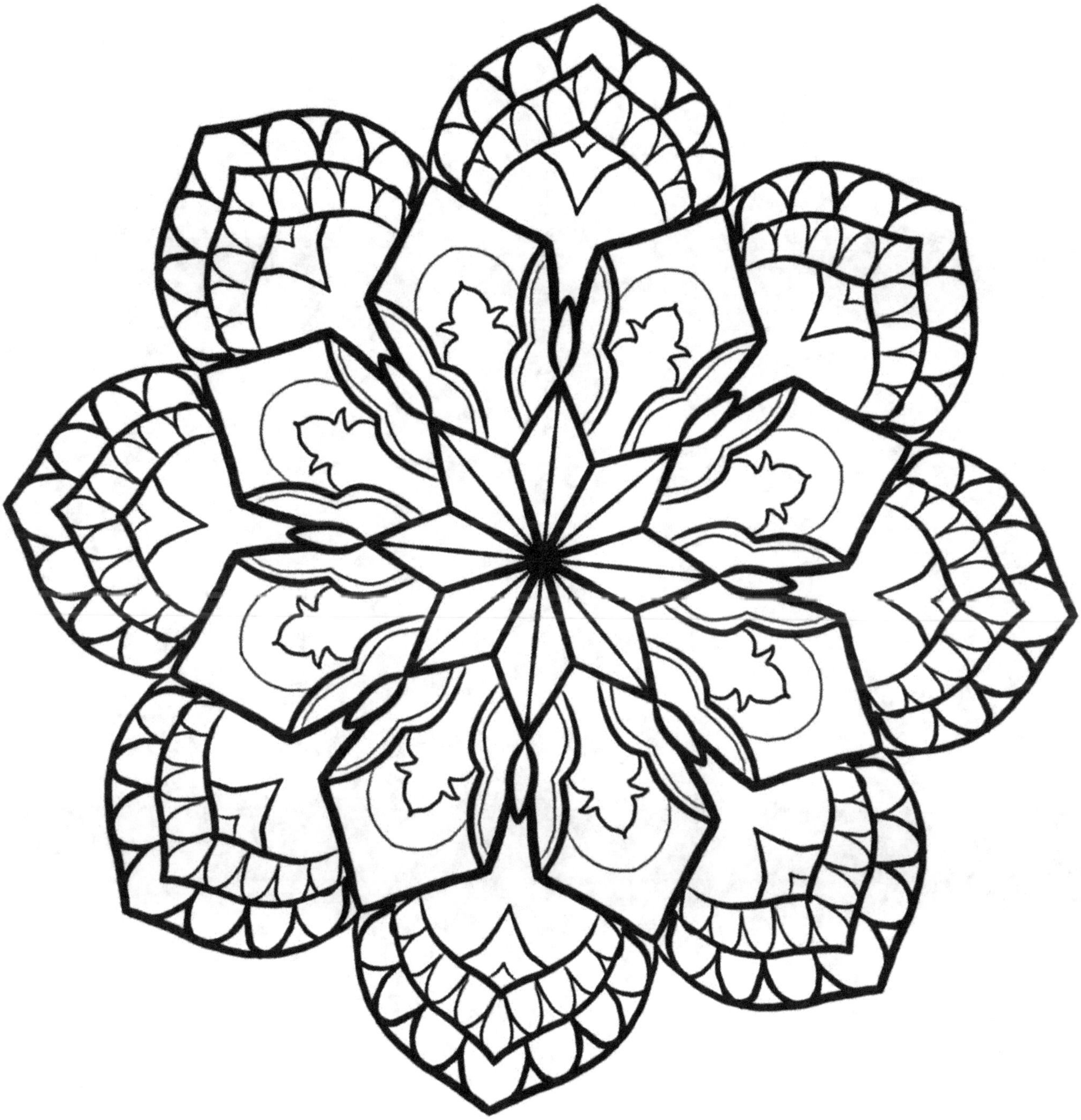

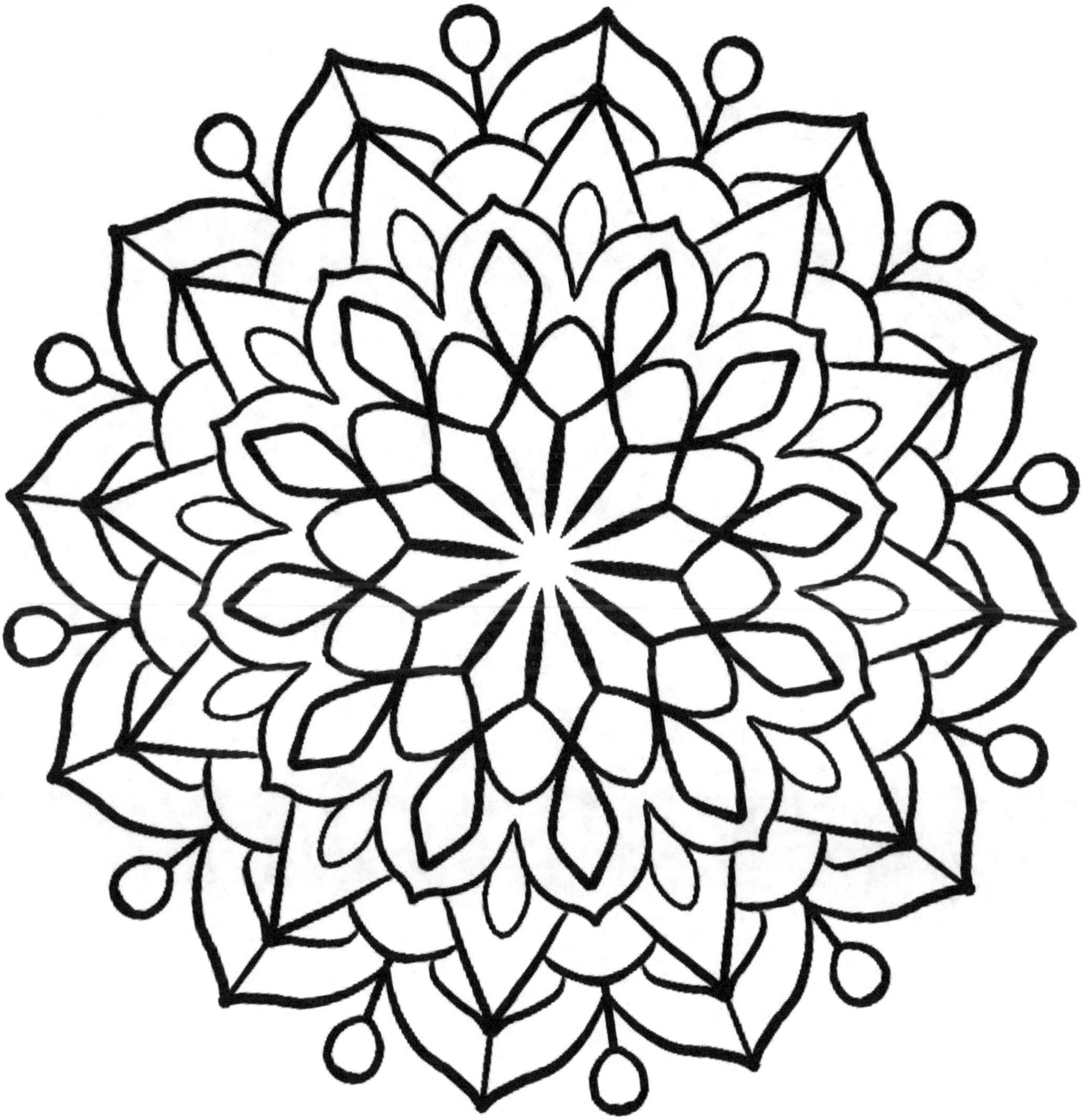

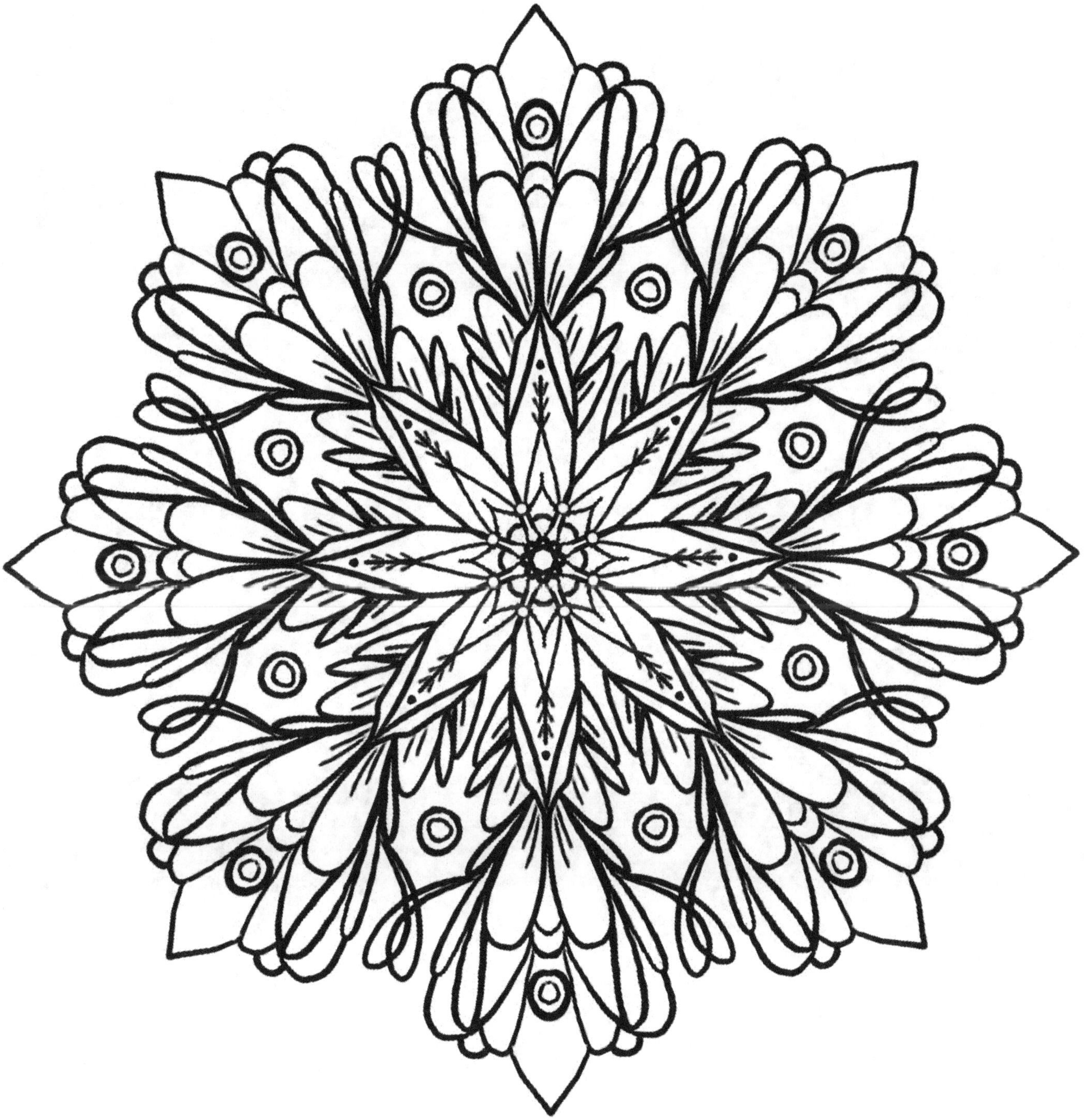

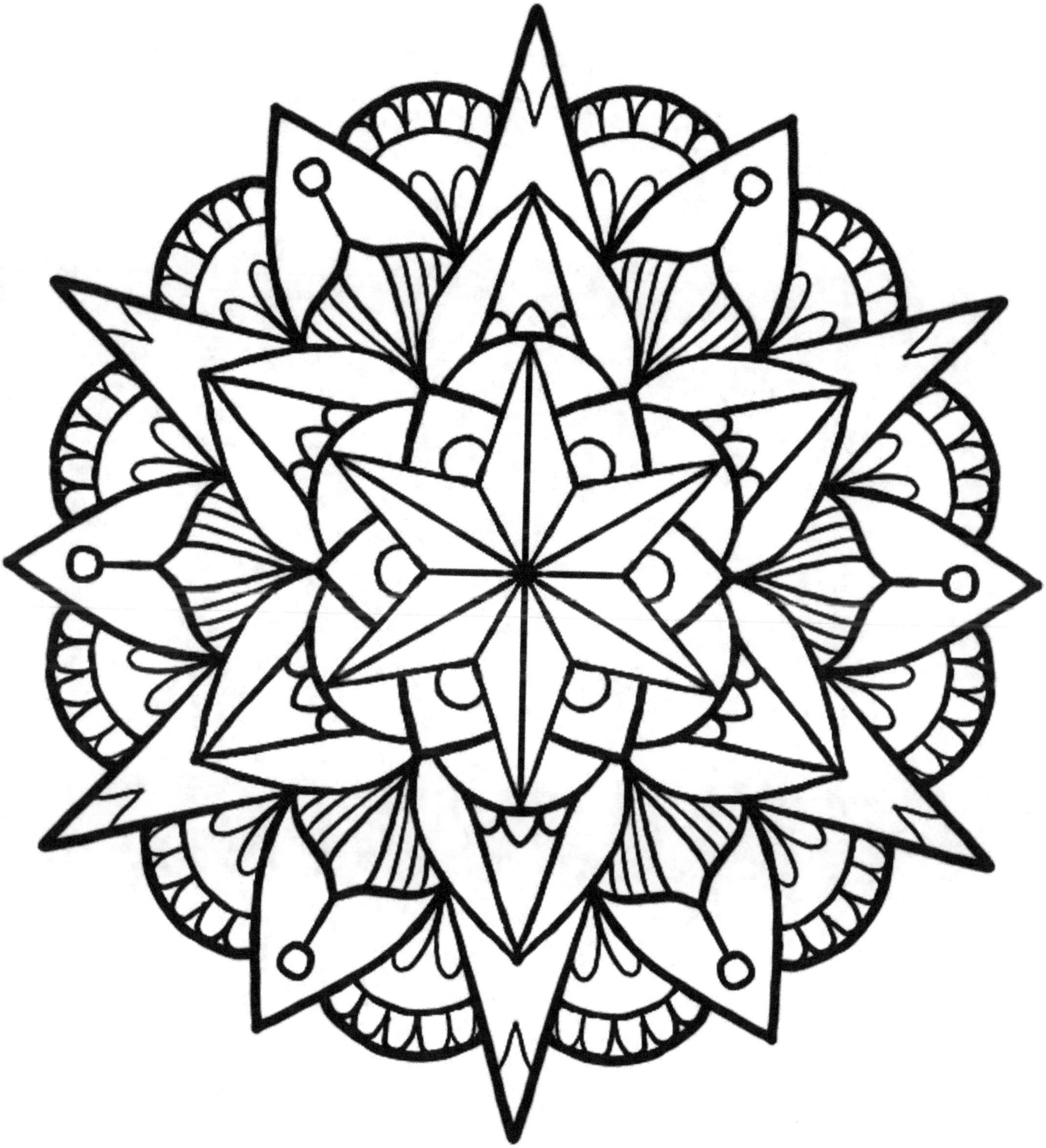

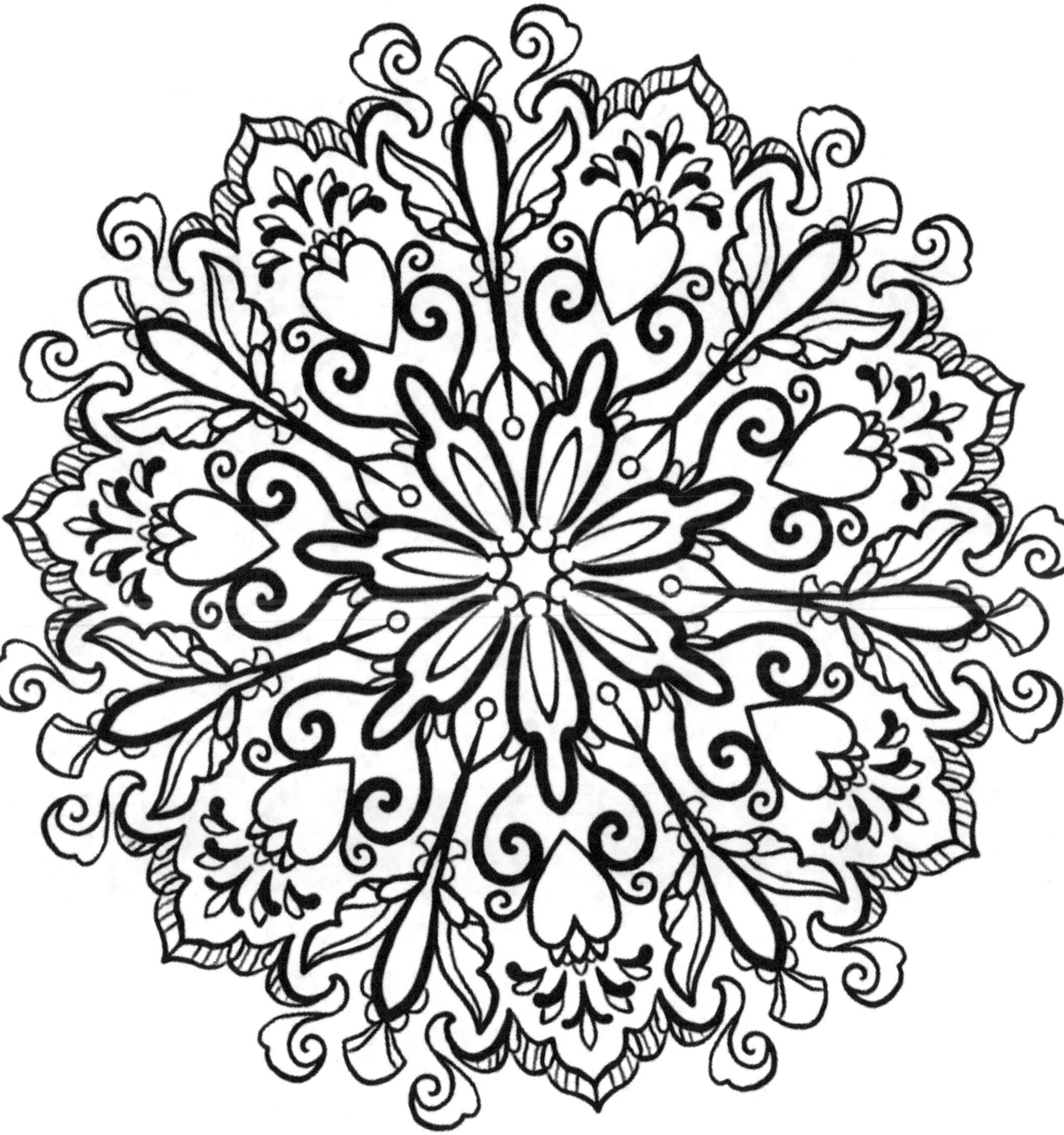

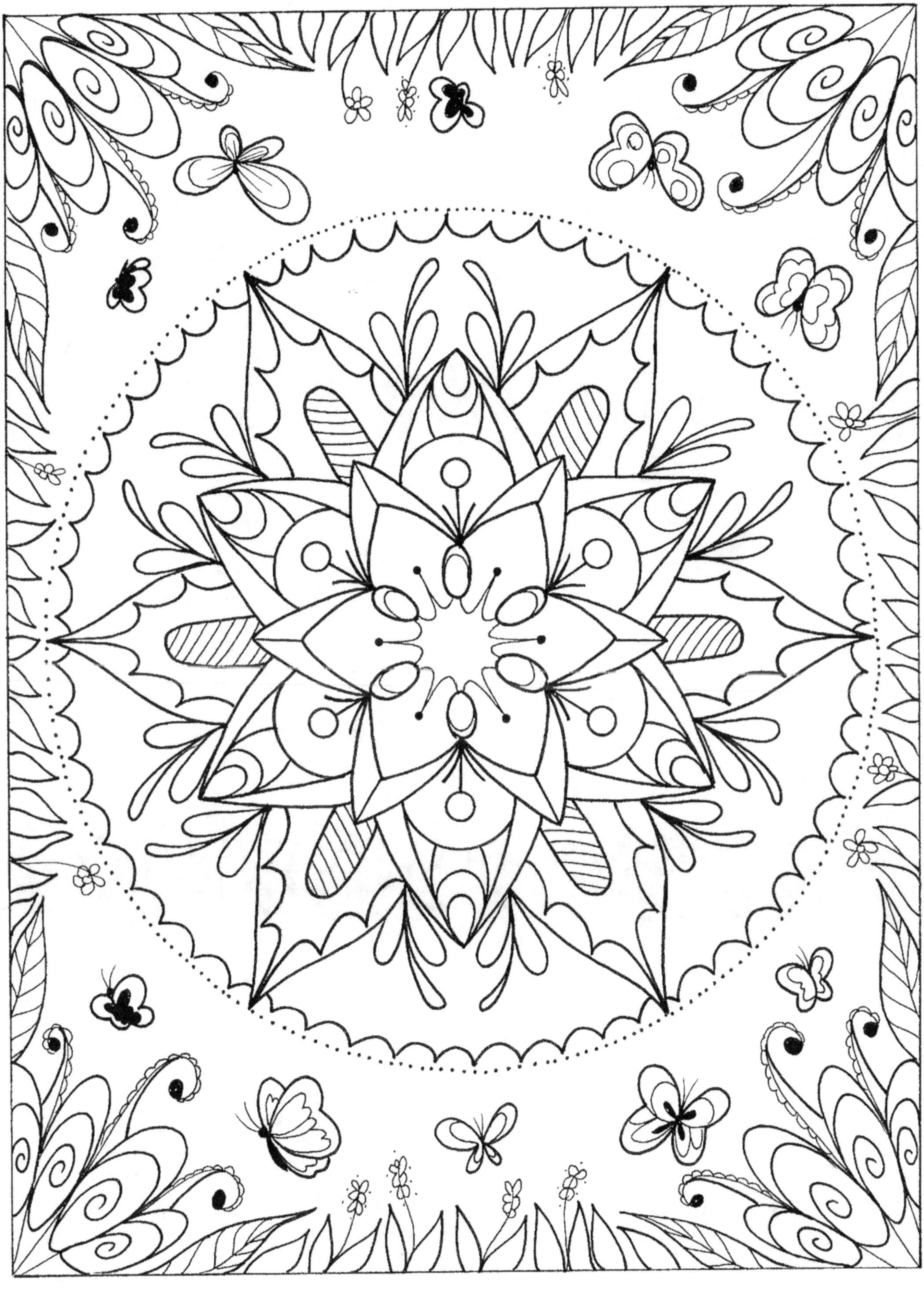

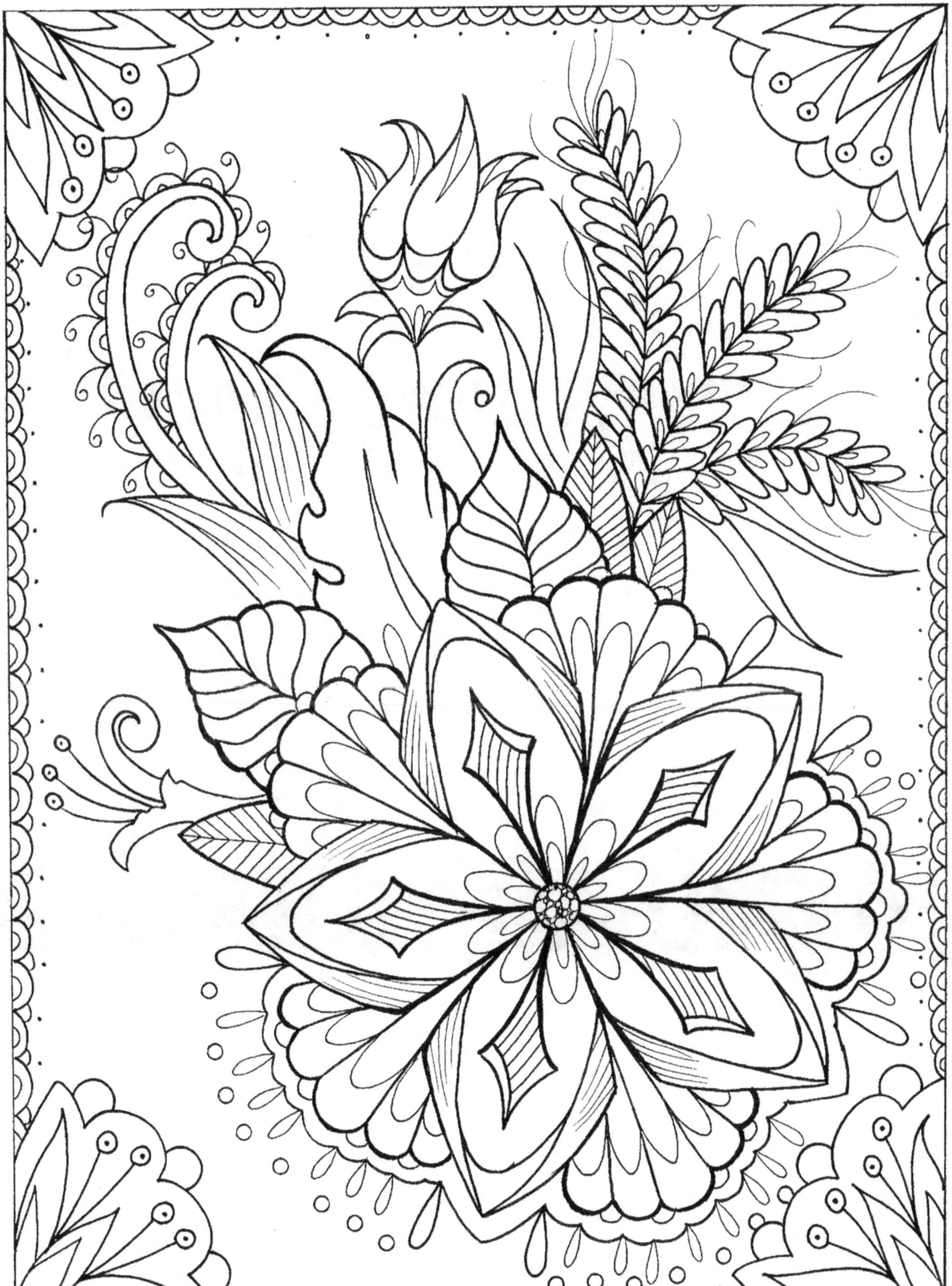

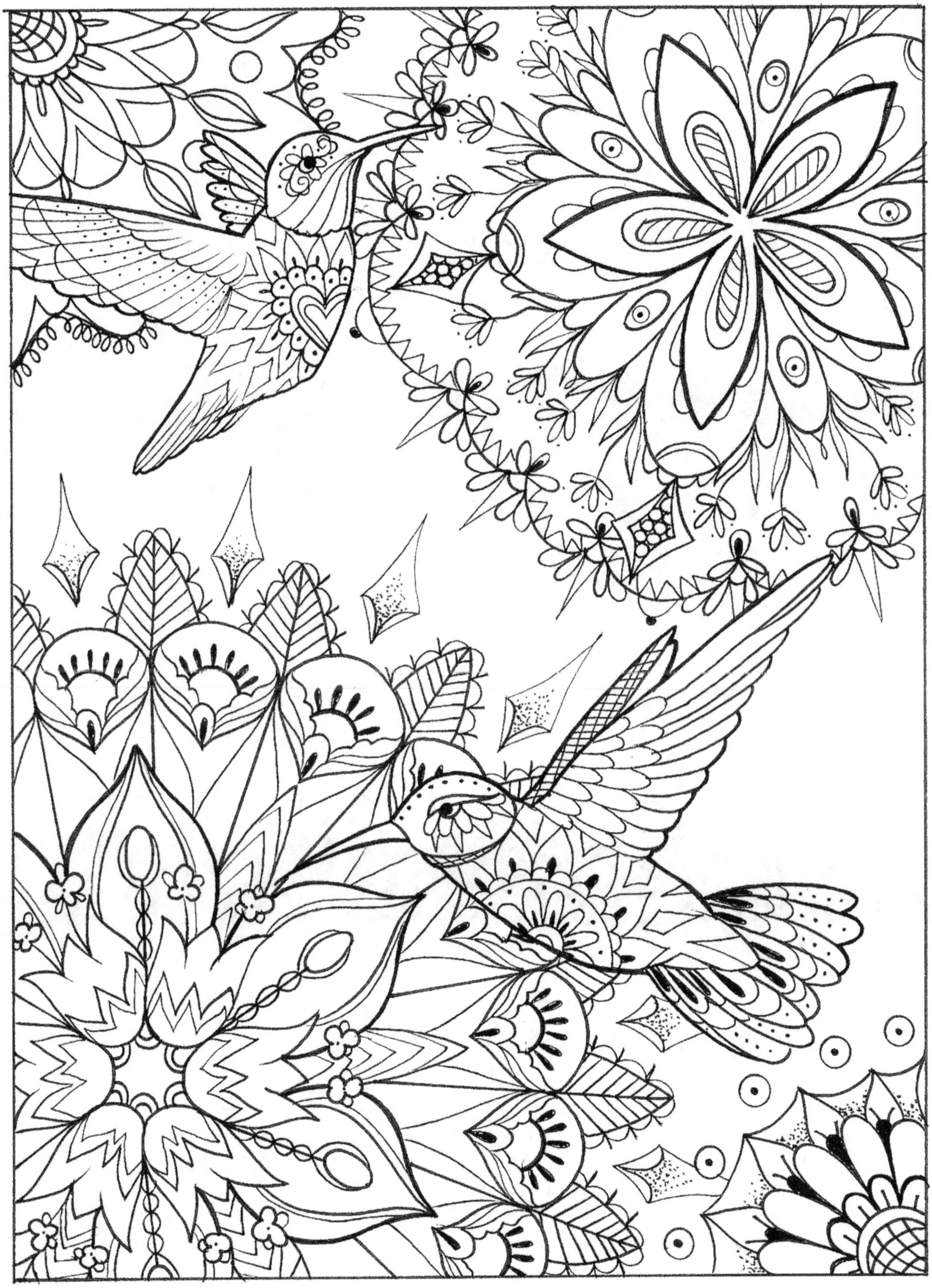

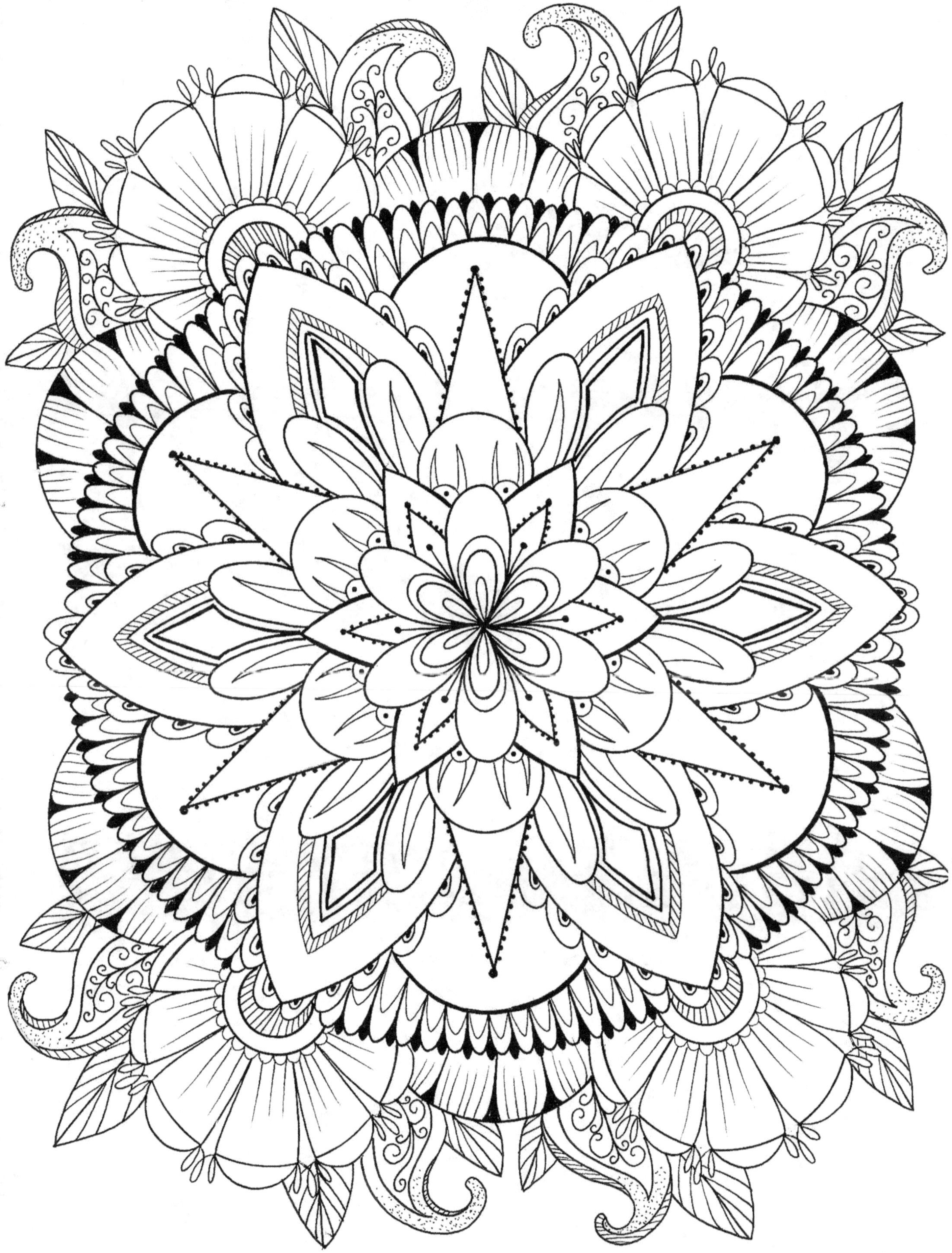

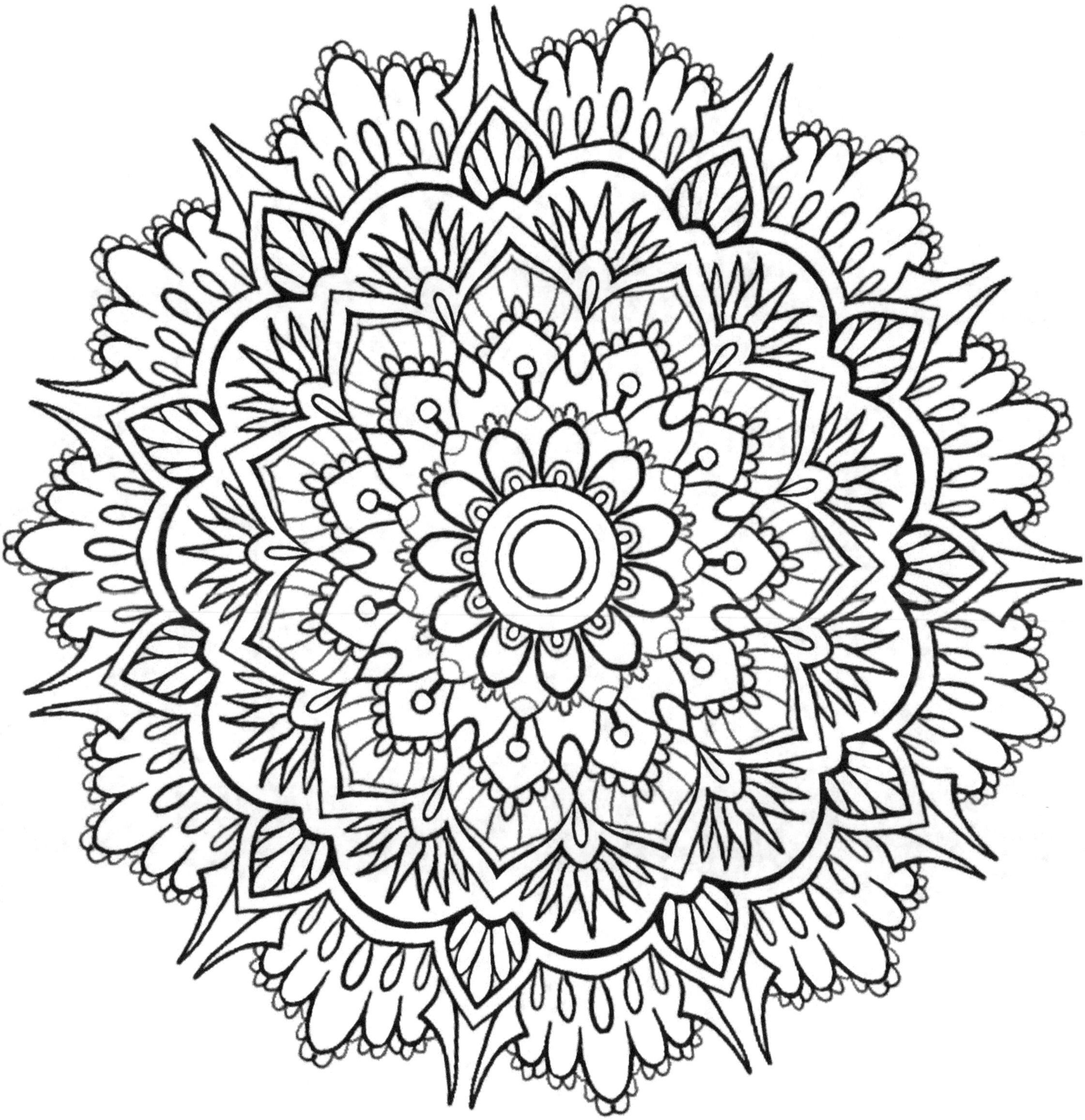

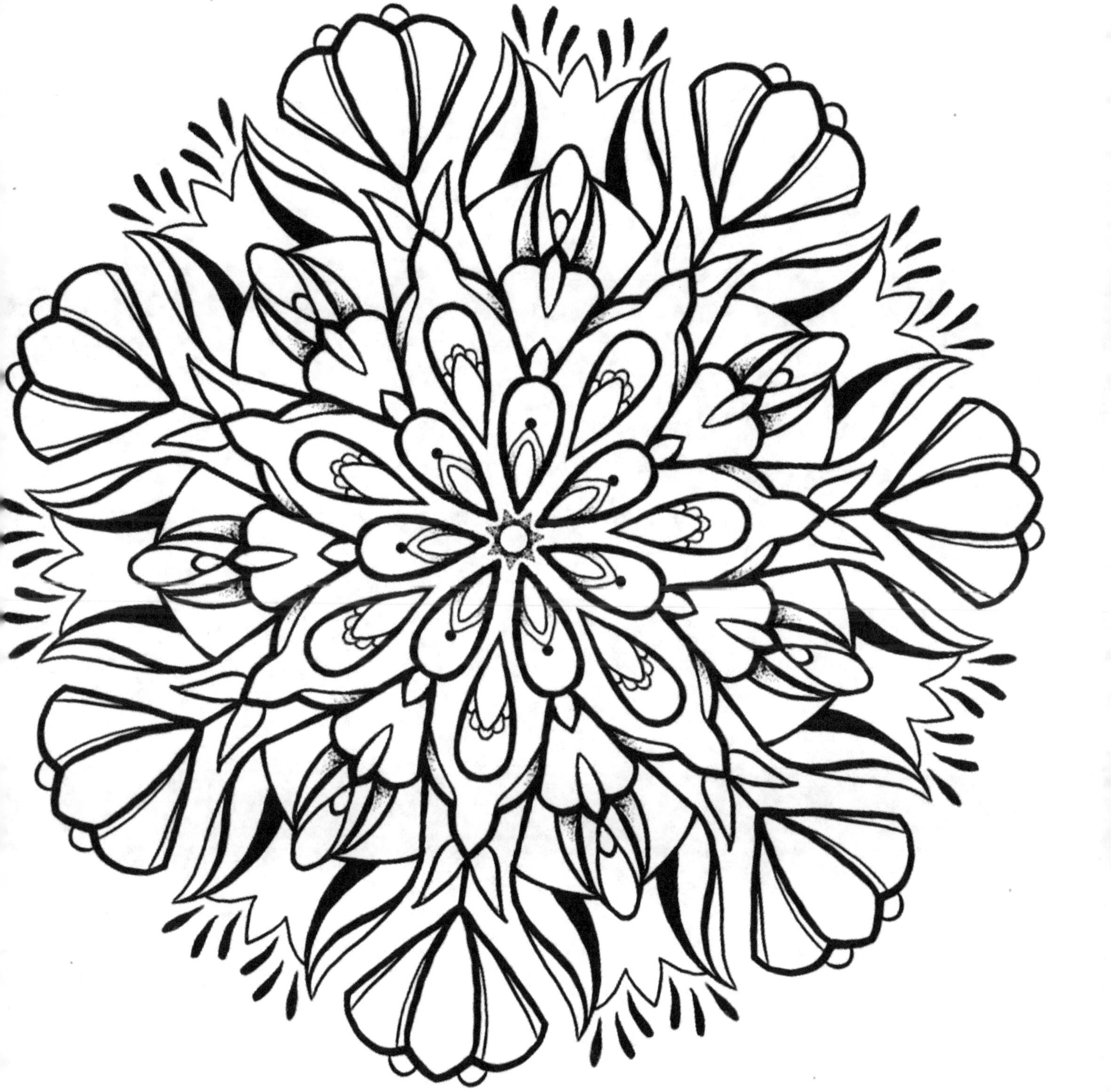

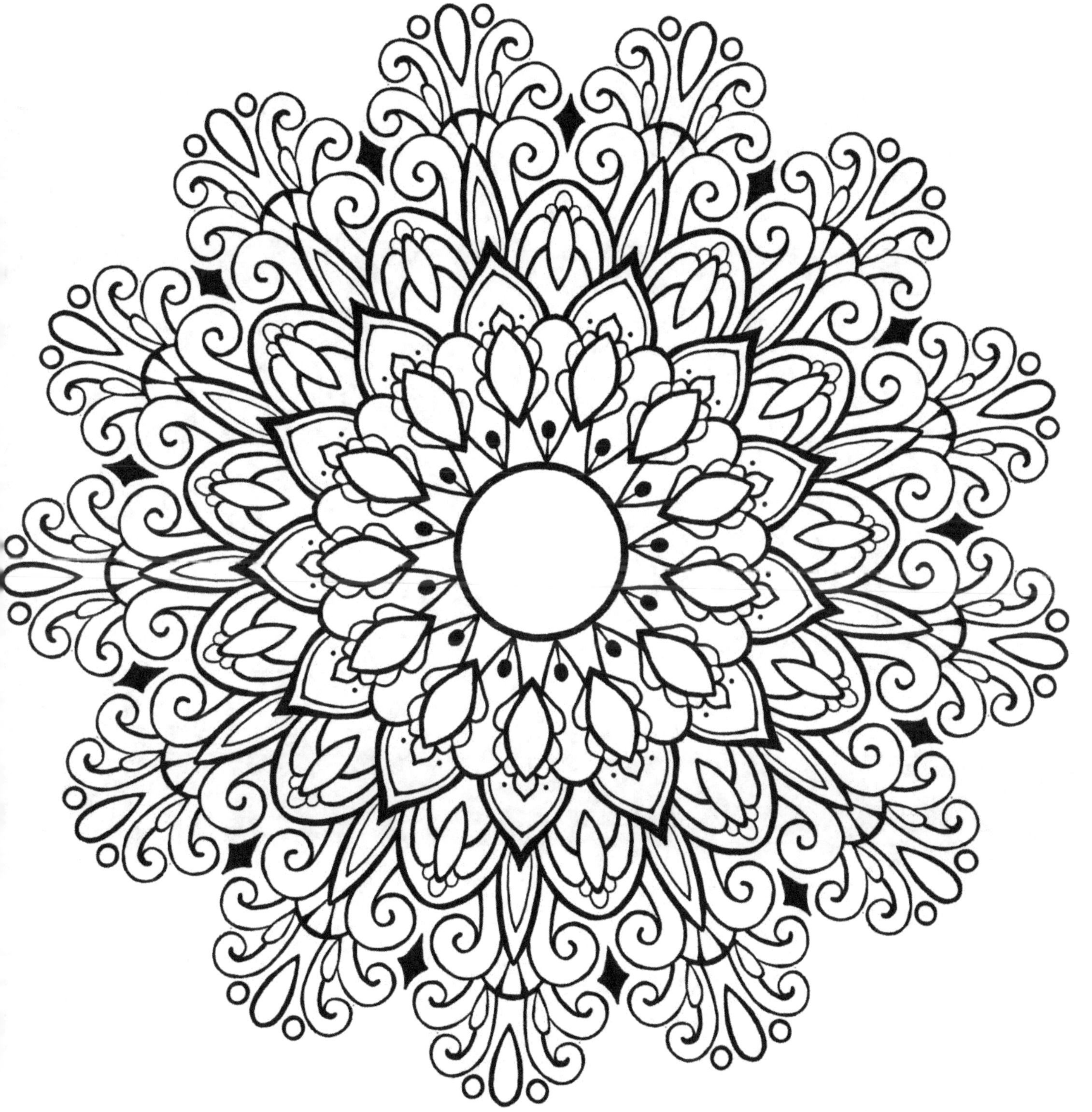

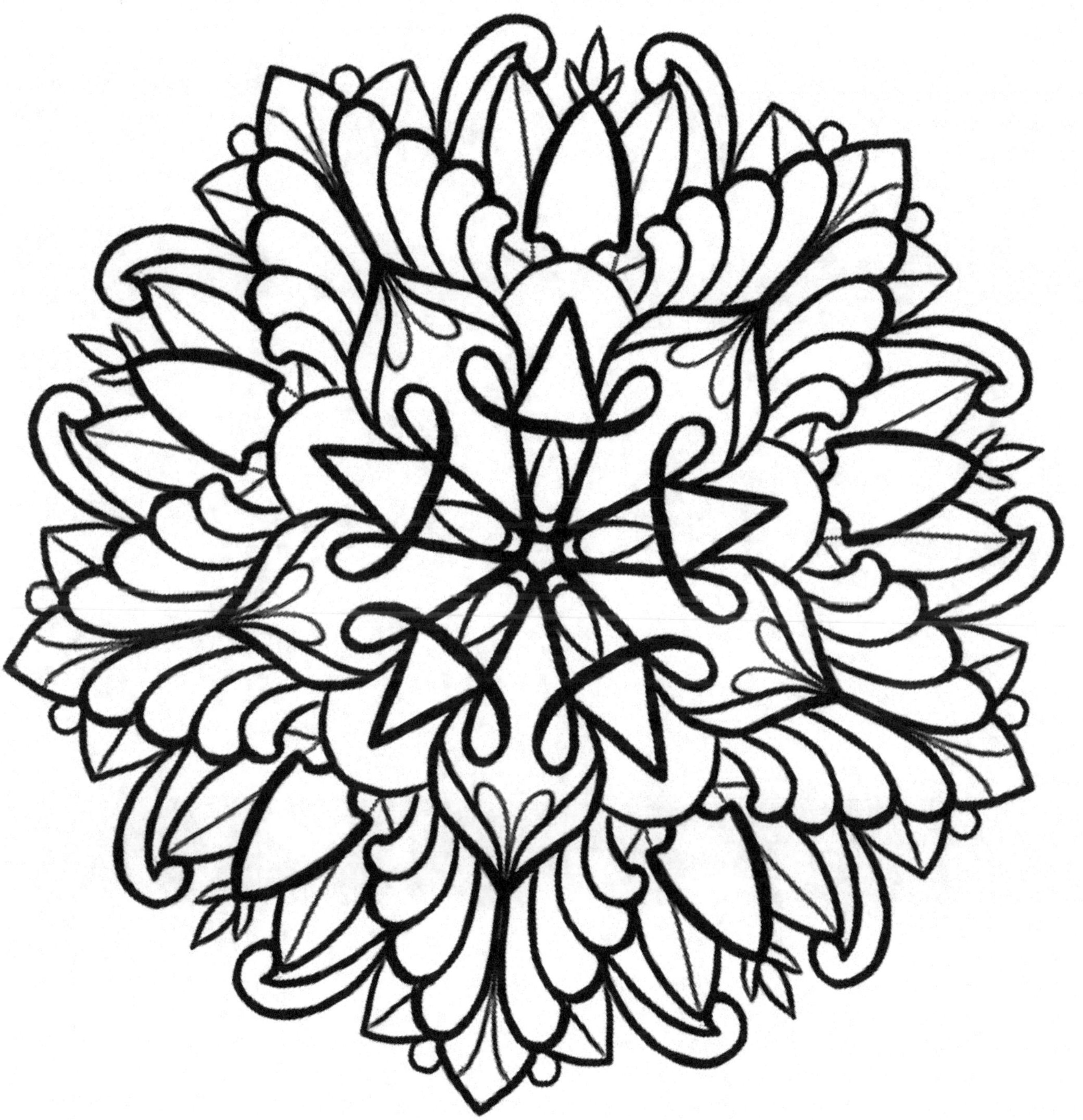

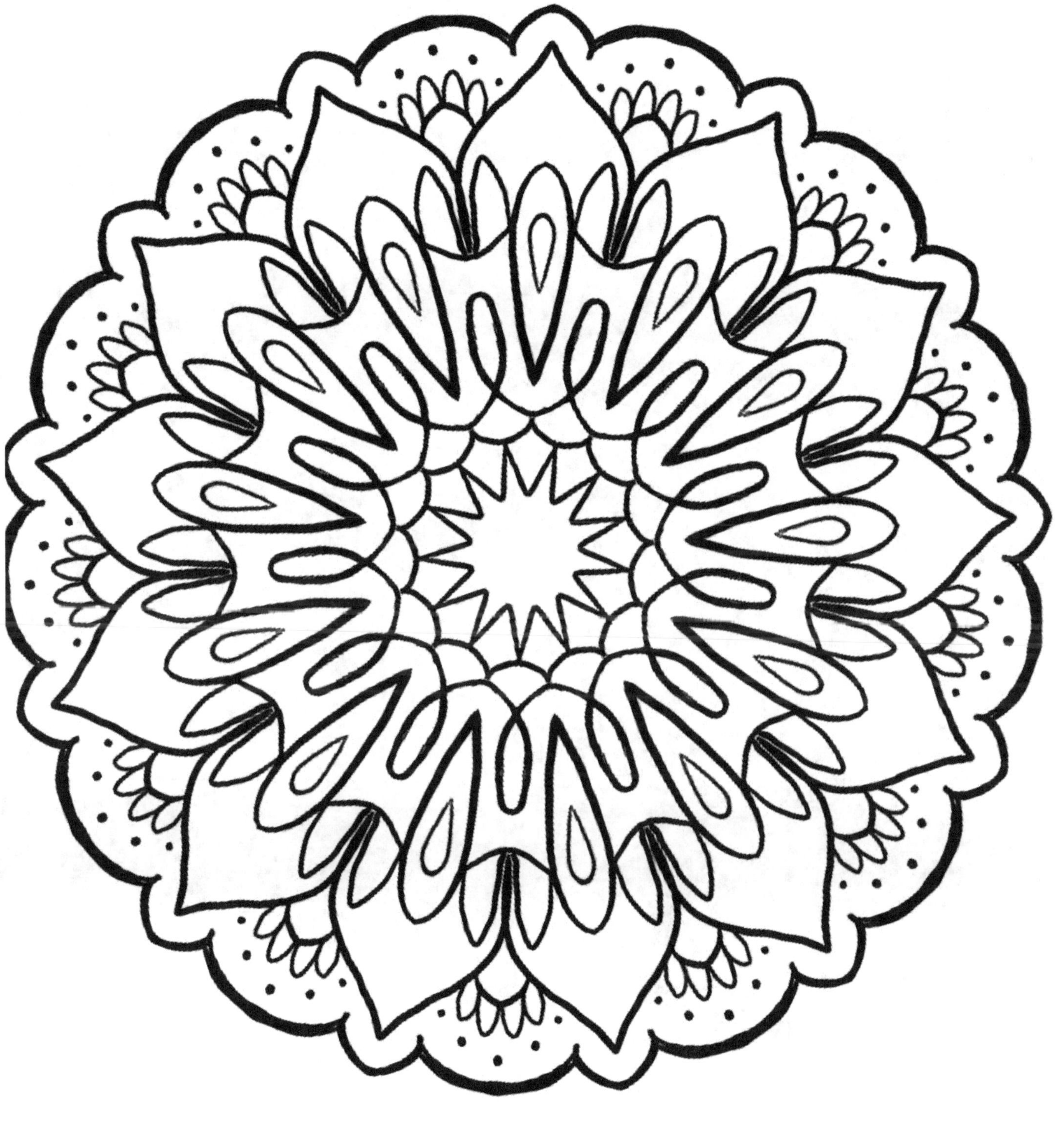

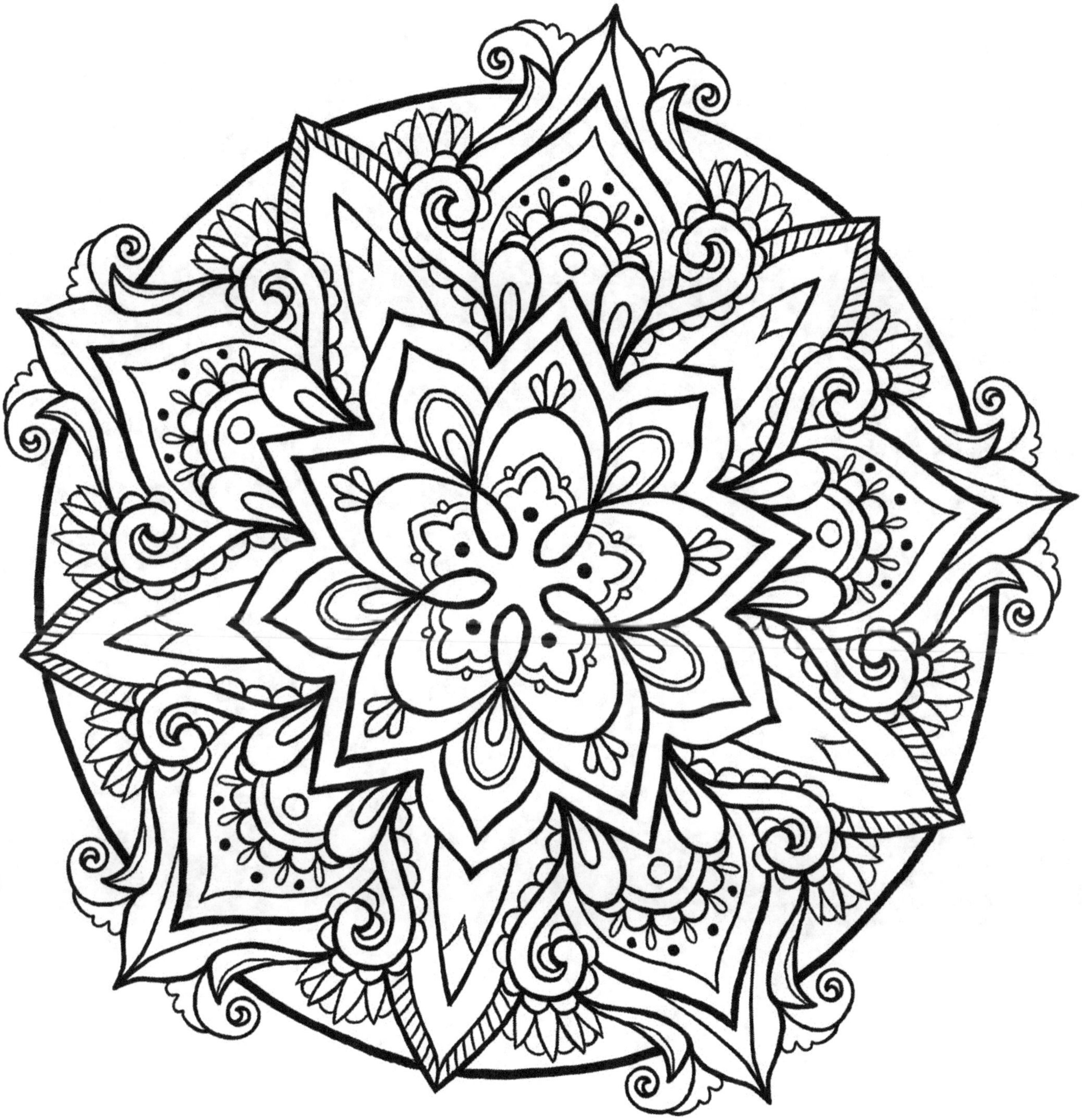

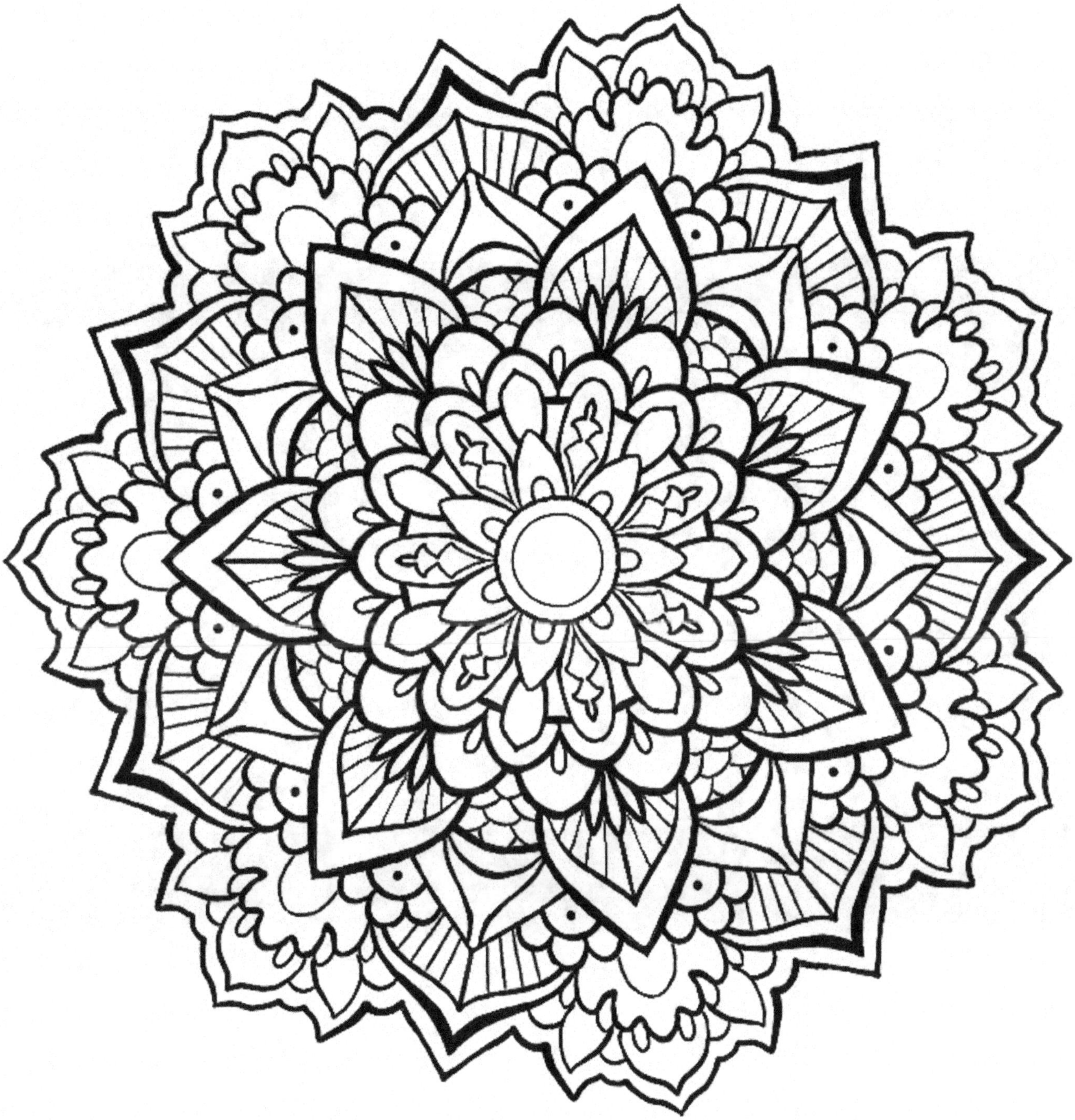

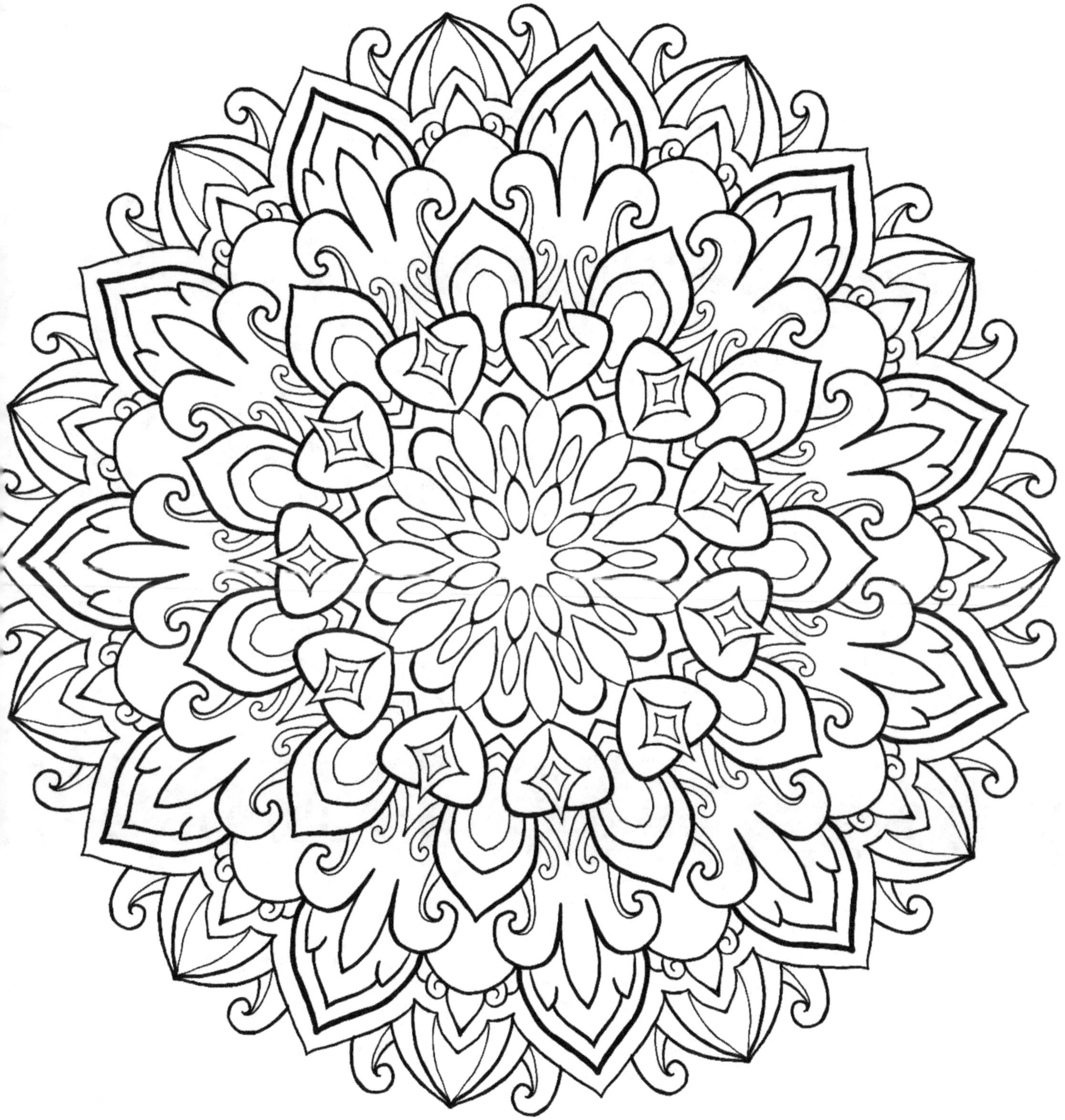

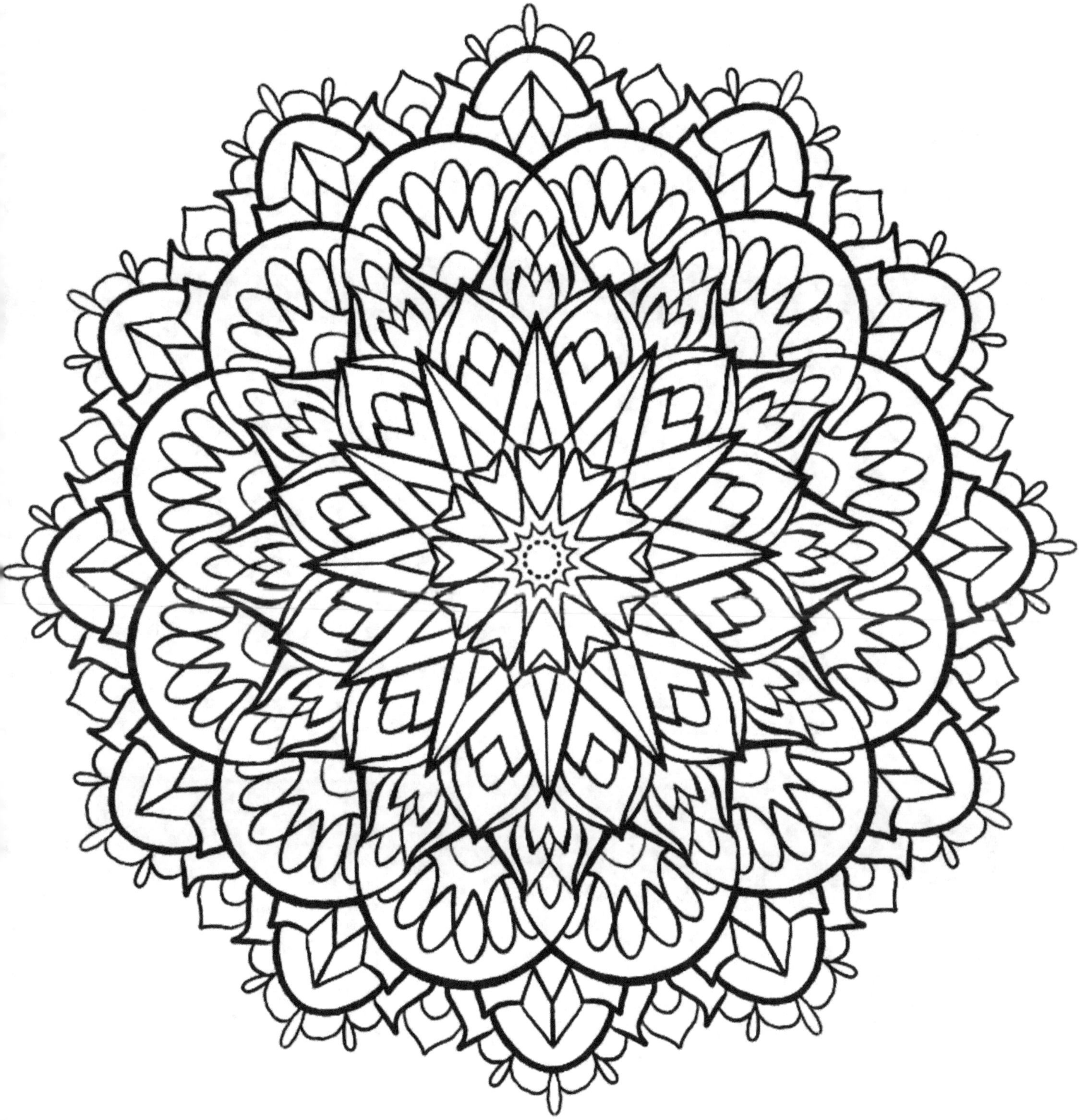

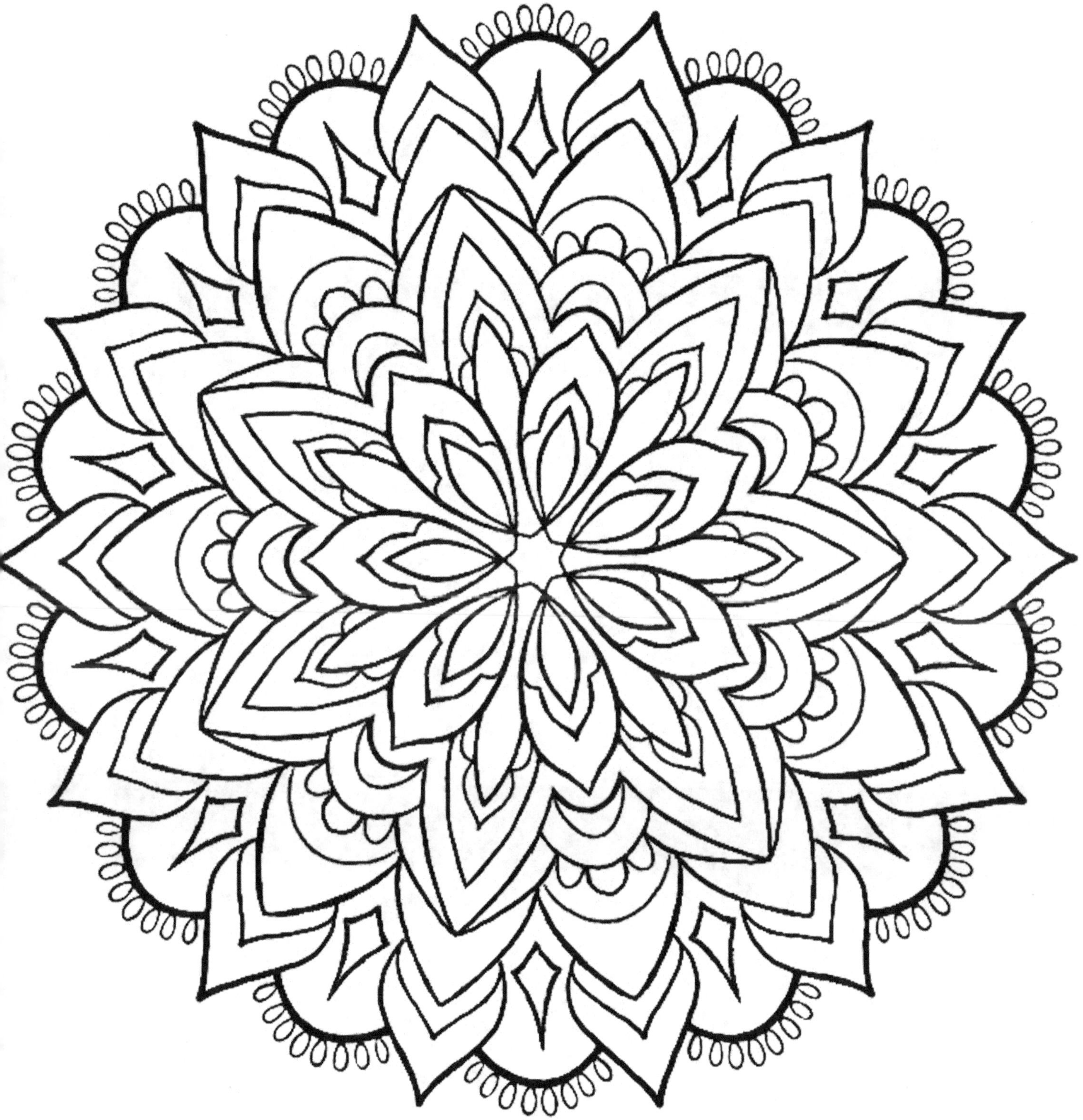

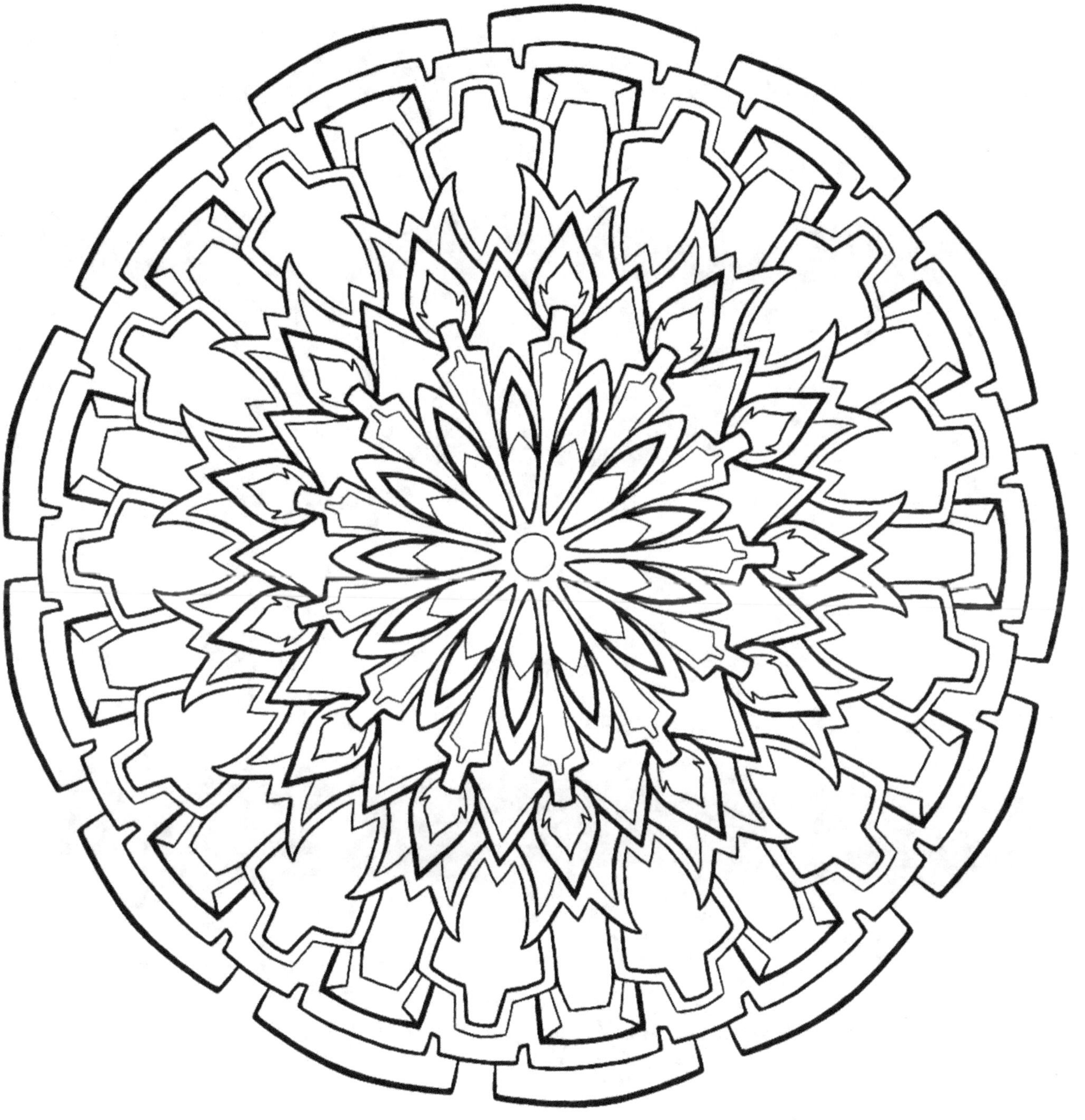

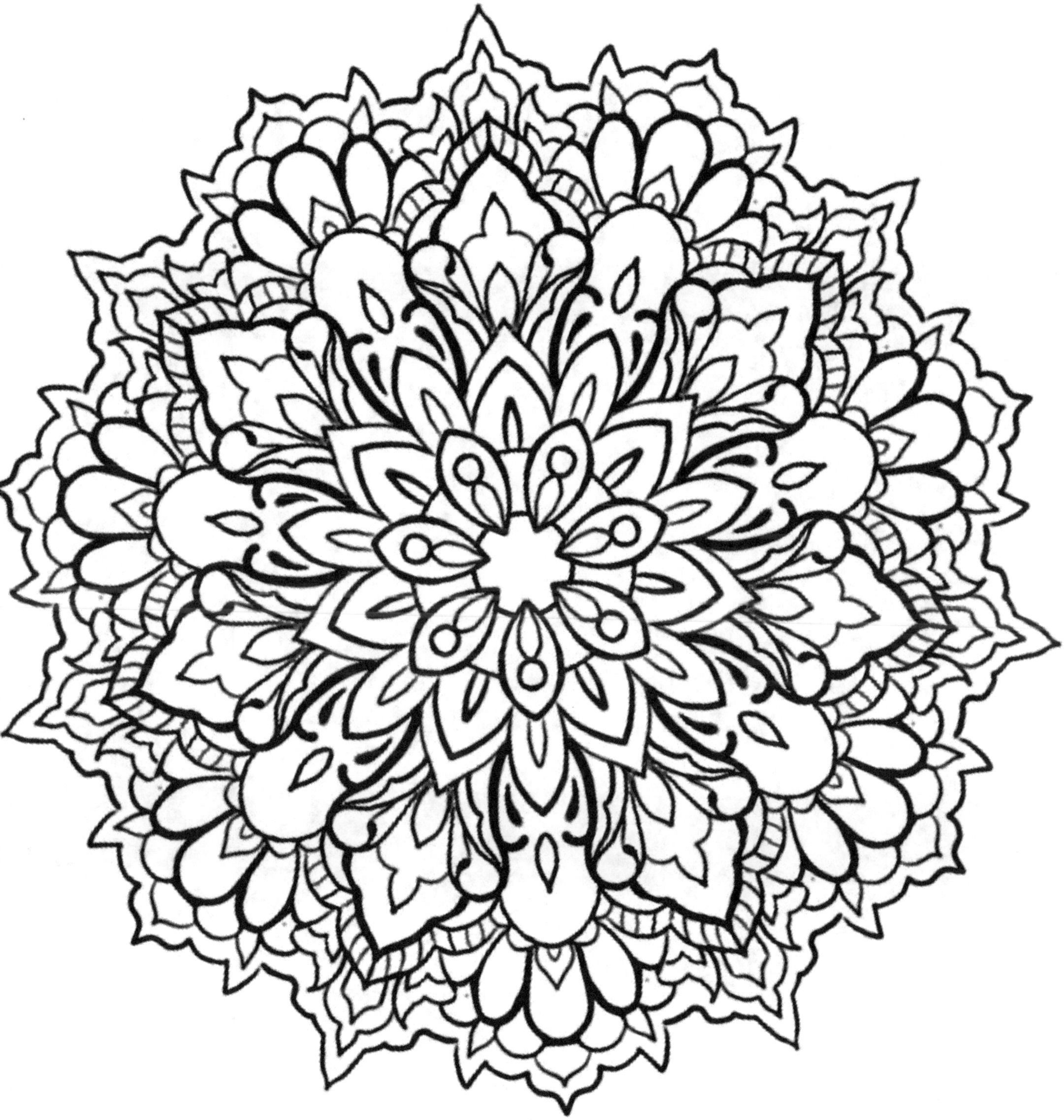

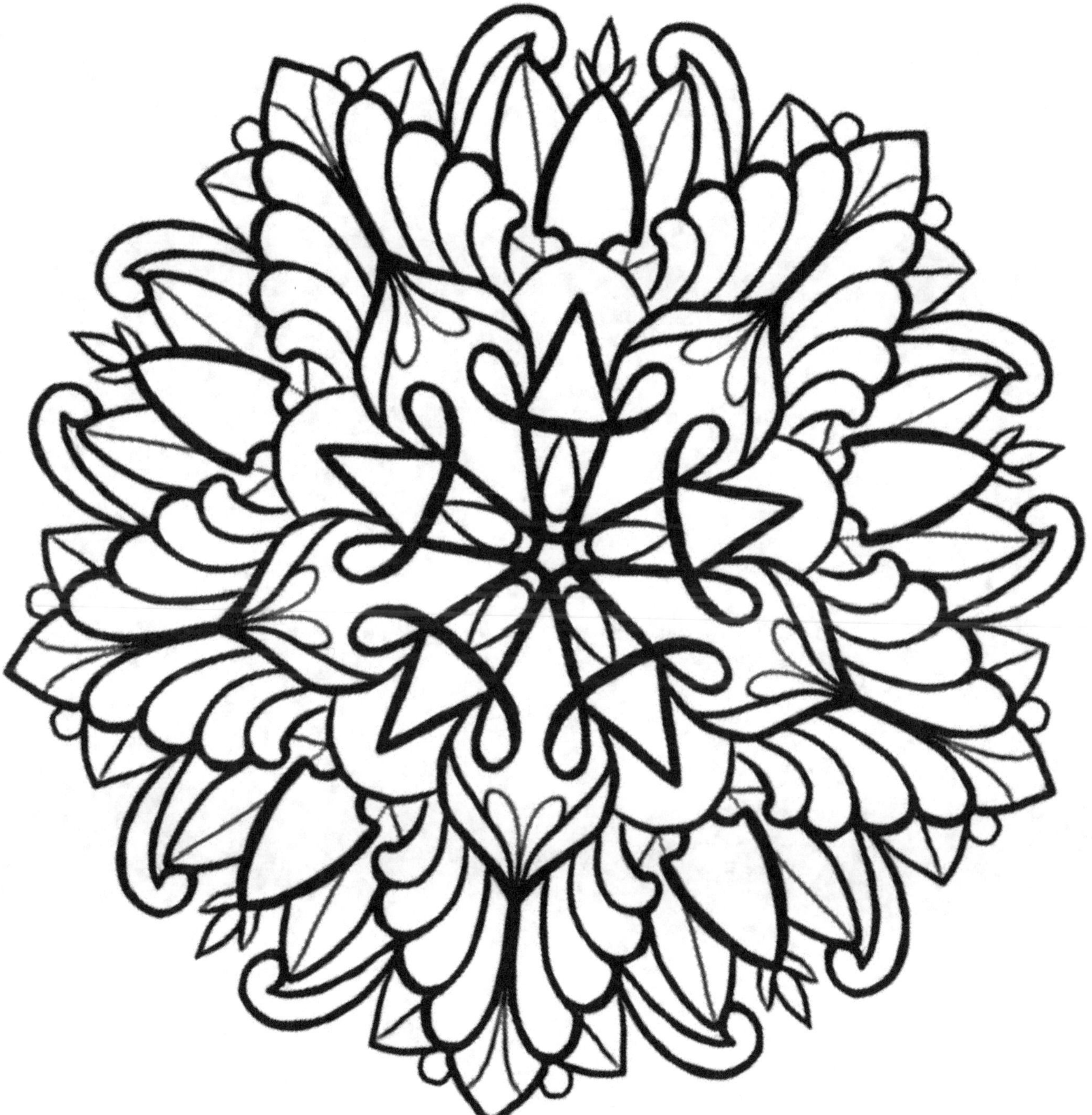

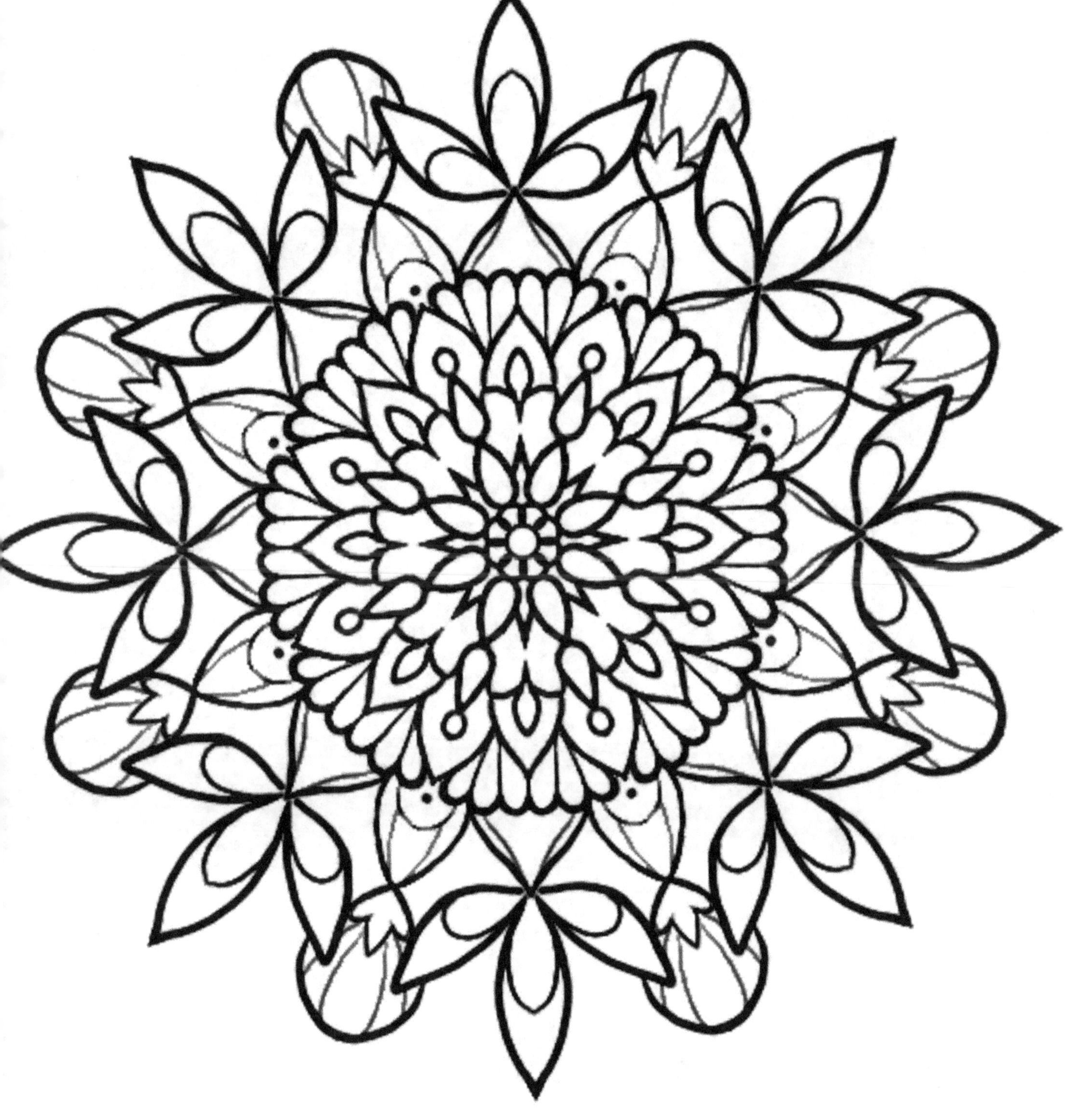

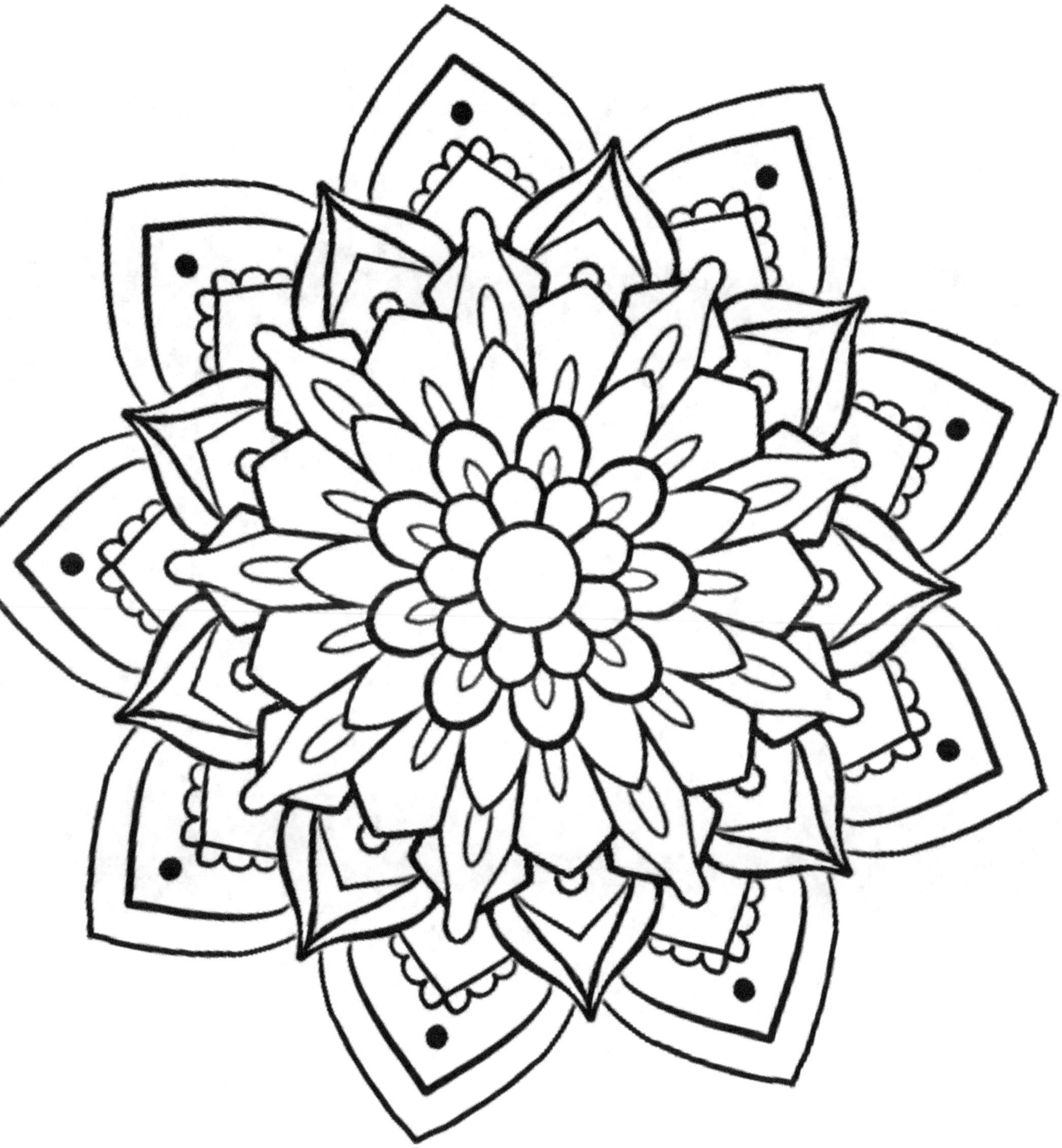

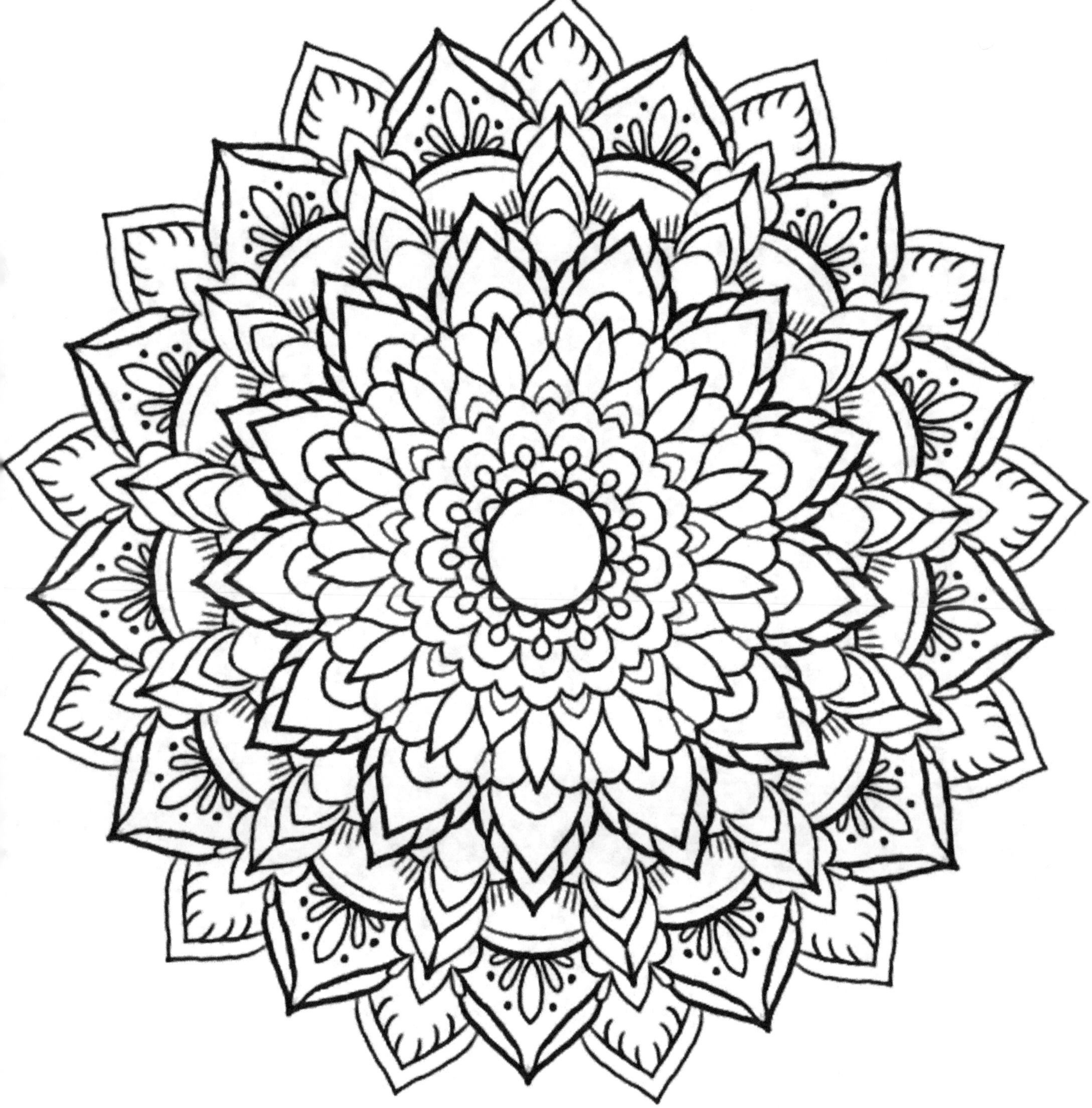

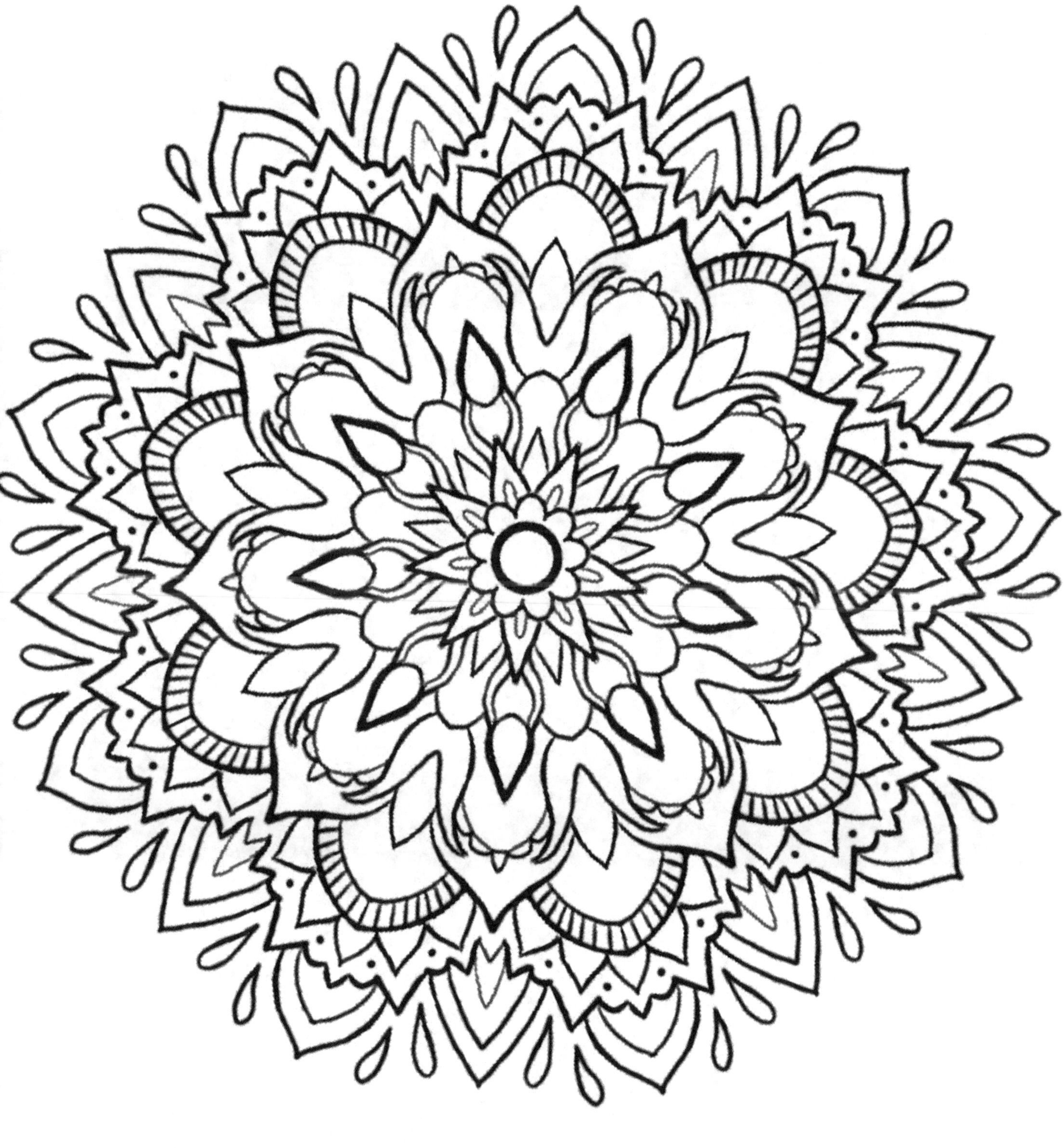

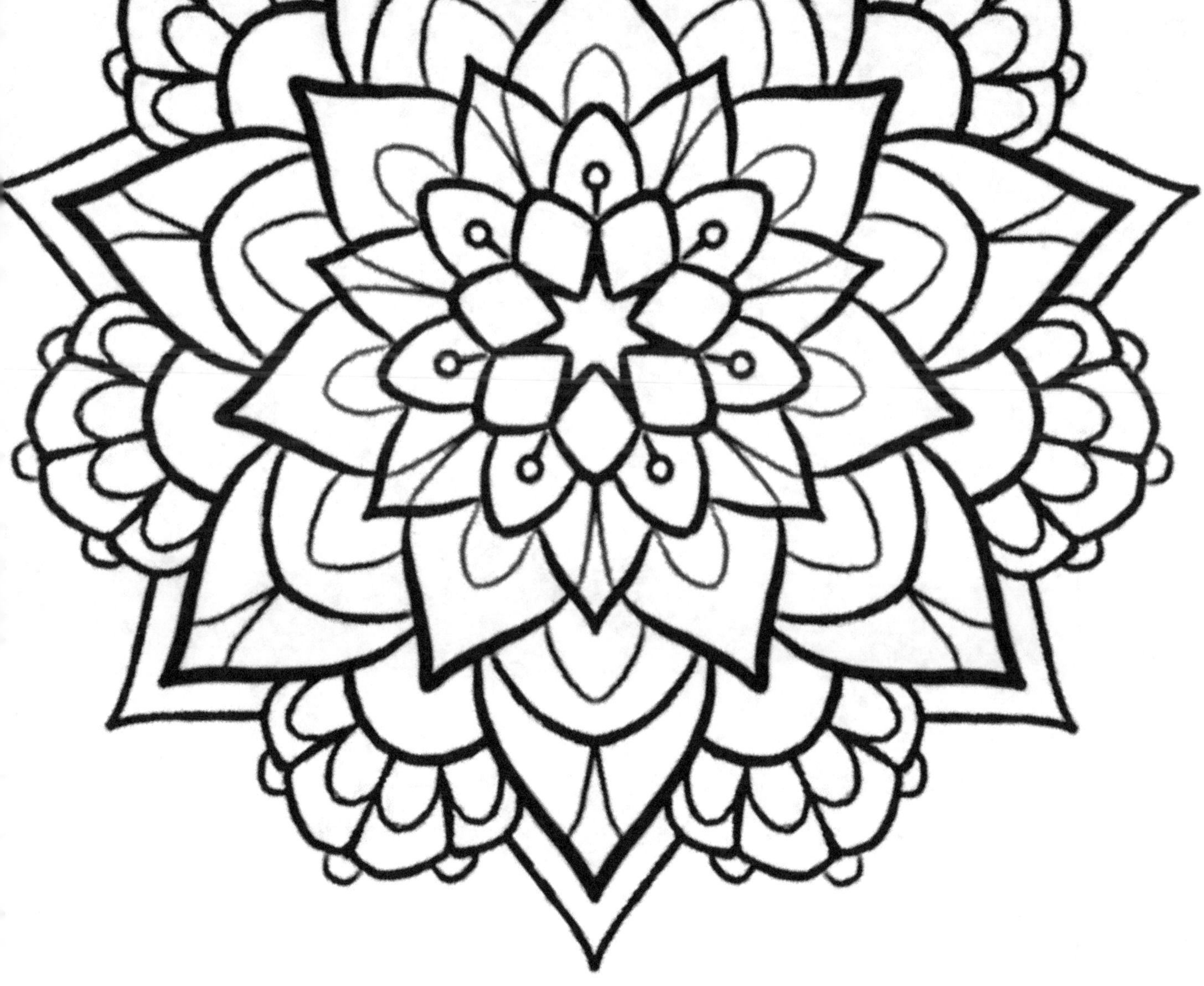

www.ingramcontent.com/pod-product-compliance
Lightning Source LLC
Chambersburg PA
CBHW081114180526
45170CB00008B/2842
* 9 7 8 1 5 4 6 7 4 9 5 1 6 *